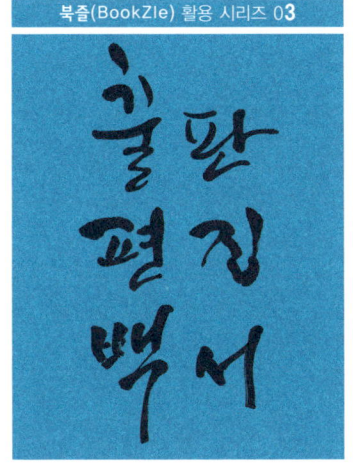

북즐
활용 시리즈

출판 편집 백서

펴 낸 날   초판 2쇄 2019년 3월 7일

지 은 이   안종군
펴 낸 곳   투데이북스
펴 낸 이   이시우
교정·교열   안종군
편집 디자인   씨앤블루 디자인(bussyfree@naver.com)
출판등록   2011년 3월 17일 제307-2013-64호
주   소   서울특별시 성북구 아리랑로 19길 86 상가동 104호
대표전화   070-7136-5700   팩 스 02) 6937-1860
홈페이지   http://www.todaybooks.co.kr
전자우편   ec114@hanmail.net

ISBN 978-89-98192-03-7   13010

ⓒ 안종군

- 책값은 표지 뒷면에 있습니다.
- 이 책은 투데이북스가 저작권자와의 계약에 따라 발행한 것으로
  허락 없이 복제할 수 없습니다.
- 파본이나 잘못 인쇄된 책은 구입하신 서점에서 교환해드립니다.

이 도서의 국립중앙도서관 출판시도서목록(CIP)은 서지정보유통지원시스템 홈페이지
(http://seoji.nl.go.kr)와 국가자료공동목록시스템(http://www.nl.go.kr/kolisnet)에서
이용하실 수 있습니다.(CIP제어번호: CIP2013006108)

북즐
활용 시리즈

출판 편집 전문가를 위한 교정·교열·윤문 실무서

출판 편집 백서

안종군 지음

P·R·E·F·A·C·E

이 책은 오랜 세월 동안 다른 사람의 글을 읽고, 다듬고, 고치면서 나름대로 익힌 노하우를 한 번쯤 정리하고 싶은 지극히 인간적인 욕심의 발로이자 나와 같은 길을 걷고 있는 출판계 후배들과 출판계에 종사하고자 하는 이들에게 작으나마 알찬 팁을 몇 가지쯤은 알려주고 싶은 치기(稚氣)의 산물이다.

이 책의 원고를 정리하면서 이미 알고 있었던 지식들을 다시 한 번 되새겨보는 기회를 가질 수 있었고, 이와 아울러 미처 알고 있지 못했던 새로운 사실들을 알게 되는 희열을 느낄 수도 있었다. 책을 만드는 일이 결코 남을 위한 것만이 아니라 자신을 위한 일이기도 하다는 평범한 진리를 깨닫는 기회였다.

이 책의 특징은 다음과 같다.

첫째, 제1부~제2부는 '남의 글을 잘 고치고 싶은 사람을 위한 책'이라는 점에 초점을 맞추어 장황한 문법 요소 설명보다는 실습 예문을 중심으로 구성하였다.

- 대주제를 '짧게 고쳐라', '제대로 고쳐라'로 대별하여 구성하였다.
- 해당 중주제에 맞는 예문을 제시하고, 이를 상세하게 설명하였다.
- 설명한 예문을 바탕으로 예제를 제시하고 독자에게 직접 실습을 하도록 한 다음, 수정 예를 제시하였다.
- 본문의 곳곳에 '교정·교열자를 위한 팁'을 수록하여 교정·교열을 학습하는 데 도움을 주고자 하였다.

PREFACE

둘째, 제3부~제6부에는 평소 모르는 것이 나올 때마다 하나둘씩 모아 온 맞춤법, 띄어쓰기, 외래어 표기, 표준어 관련 자료를 정리하여 제시하였다. 독자 제현은 이 자료를 먼 길을 돌아가지 않고 지름길로 들어서는 단축키로써 적절하게 활용하기 바란다.

셋째, 제7부에는 필자가 오랫동안 교정·교열한 일부 서적의 원문과 실제 교정 예를 수록하여 교정·교열의 실제를 체득하도록 하였다. 이 책에 제시된 수정 예는 모범 답안이 아니라 하나의 예로만 활용하기 바란다.

교정·교열에 관한 책을 집필하기로 마음먹은 이후 수많은 갈등에 시달렸다. 오랜 시간 원고 집필 작업에 매달리면서 많은 글을 다시 읽었고, 기존에 내 자신이 수정한 글을 읽으면서 과연 이 책이 독자들에게 실질적인 도움이 될 수 있을 것인지에 대해 고민했다. 이 책이 출판 편집자의 길을 걷고자 하는 사람이나 글쓰기에 관심이 있는 사람에게 작은 도움이 되길 바란다.

2013년 5월

안종군

C·O·N·T·E·N·T·S

PART 01 짧게 고쳐라 · 9

01 군더더기를 없애라 · 11
　　(1) 보조 용언 · 13
　　(2) 접속어 · 14

02 같은 말을 반복하지 마라 · 19
　　(1) 같은 단어의 반복(동어 반복, 同語 反復) · 20
　　(2) 같은 의미의 반복(겹말) · 23
　　(3) 같은 문법 요소의 반복 · 29

03 불필요한 꼬리는 잘라라 · 32

04 수식어를 줄여라 · 36

05 한 문장에는 한 가지 내용만 담아라 · 40

06 지시어를 줄여라 · 45

07 접미사를 줄여라 · 47
　　(1) 복수 접미사 '-들' · 47
　　(2) 한자어 접미사 · 48

08 불필요한 관형격 조사를 없애라 · 49

09 '것이다'를 줄여라 · 51

10 명사문을 피하라 · 54

11 관형절을 줄여라 · 57

PART 02 **제대로 고쳐라** · 59

01 능동형(사동형)으로 고쳐라 · 61

02 번역투를 고쳐라 · 67
   (1) 영어 번역투 고치기 · 67
   (2) 일본어 번역투 고치기 · 70

03 쉬운 말로 바꿔라 · 72

04 명사절을 없애라 · 74

05 조사를 바르게 고쳐라 · 76

06 문장의 호응에 유념하라 · 81
   (1) 주어와 서술어의 호응 · 81
   (2) 조사와 서술어의 호응 · 84
   (3) 부사어의 호응 · 85
   (4) 인칭 대명사의 호응 · 86
   (5) 능동과 수동의 호응 · 87

(6) 시제의 호응 · **87**
(7) 수식어와 피수식어의 호응 · **88**

07 숫자를 제대로 써라 · **89**

PART 03 **헷갈리기 쉬운 맞춤법** · **91**

PART 04 **헷갈리기 쉬운 띄어쓰기** · **119**

PART 05 **외래어 표기법** · **139**

01 외래어 표기법 · **141**

02 외래어 표기 용례 · **146**

PART 06 **헷갈리기 쉬운 표준어** · **213**

PART 07 **실전 연습** · **231**

짧게 고쳐라

CORRECT

"싫증나는 문장보다 배고픈 문장을 써라."
- 몽테뉴

군더더기를 없애라

문장에서 군더더기를 없애야 한다는 말은 무슨 의미일까? 군더더기란, '불필요한 것', '반드시 있지 않아도 될 것'을 뜻한다. 한자말로는 '사족(蛇足, 뱀의 다리, 쓸데없는 행동으로 일을 그르침)'이라고 한다. 군더더기는 올바른 문장, 좋은 문장, 살아 있는 문장을 만드는 데 있어 최대 걸림돌이다. 좋은 문장을 만드는 지름길은 바로 '군더더기를 없애는 것'이다.

군더더기를 없애는 일에는 다음과 같은 장점이 있다.

첫째, 문장이 간결해진다.
둘째, 의미를 잘 전달할 수 있다.
셋째, 읽는 속도가 빨라진다.
넷째, 문장에 생동감이 넘친다.
다섯째, 호소력이 생긴다.
여섯째, 긴장감을 유지할 수 있다.

살아 있는 문장, 좋은 문장을 만드는 비결은 '간단명료(簡單明瞭)함'이다. 이는 '죽은 문장'을 살리는 특효약이다. 많은 사람이 간단명료한 문장을 쓰지 못하는 데에는 세 가지 이유가 있다.

첫째, 자신의 글에 자신이 없기 때문이다. 남의 글을 인용했거나, 자신이 잘 알지 못하는 내용(분야)이거나, 어느 정도 알고는 있지만 확실히 알지 못하는 내용일 때가 이에 해당한다. 이 경우에는 대개 자신은 그 내용을 잘 알고 있다는 사실을 '증명'하고 싶은 욕구가 생긴다. 자신이 쓴 글을 읽은 누군가가 '반박'이라도 할 것 같아 전전긍긍하면서 쓰다 보니 써야 할 말이 많아진다. 급기야 덧붙인 말 때문에 새로운 말을 만들어야 하는 지경에 이른다.

둘째, 뭔가 그럴듯해 보이기 때문이다. 많은 사람의 마음속에는 '문장을 길게 쓰면 아는 것이 많아 보이겠지.', '짧게 쓰면 왠지 없어 보이지 않을까' 식의 잘못된 사고방식이 자리 잡고 있다.

셋째, 읽는 이에게 친절하다는 말을 듣고 싶기 때문이다. 하나하나 설명을 해 주면 읽는 이가 이해하기 쉬울 것이라는 '착각'에 빠져 있는 것이다. 읽는 이는 지루함을 원하지 않는다. 이 세상 그 누가 책을 읽으면서까지 지루함을 느끼고 싶겠는가? 더욱이 이러한 글을 친절하다고 느끼지도 않는다. 한마디로 '실익'이 없는 것이다.

자신이 다이어트를 시작했다고 가정해 보자. 가장 먼저 무엇을 해야 할까? 자기 몸의 '어떤 부위'에 '어떤 군살'이 붙어 있는지부터 살펴보아야 할 것이다. 그렇다면 어떤 것을 '문장의 군더더기'라고 할까? 문장의 군더더기를 이루는 것에는 보조 용언, 접속어, 동어(同語), 동의(同意), 동 문법 요소(同 文法 要素), 불필요한 문장의 꼬리, 수식어, 피동 표현, 번역투 등이 있다.

(1) 보조 용언

　보조 용언은 독립적으로 문장의 서술어가 되지 못하고, 본용언에 붙어 본용언을 도와주는 용언을 말한다. 보조 용언과 본용언의 가장 큰 차이점은 본용언을 문장에서 제거하면 문장이 성립하지 않지만, 보조 용언은 문장이 성립한다는 것이다. 보조 용언은 본용언을 도와 문장의 뜻을 전달하는 데 도움을 주는 역할을 하지만, 불필요한 요소인 경우가 많다.

【예문】

① 철수는 사과를 먹어 버렸다. → 먹었다.

② 고향을 잃어버린 사람이 많다. → 잃은

③ 첫사랑이 아주 가 버렸다. → 갔다.

④ 동생이 장난으로 TV 리모컨을 감추어 버렸다. → 감추었다.

⑤ 나는 호기심이 생겨 그의 연설을 들어 보았다. → 들었다.

⑥ 이제부터라도 독후감을 써 두어라. → 써라.

⑦ 나는 어릴 적 소원을 이루게 되었다. → 이루었다.

⑧ 나는 사과를 먹지 아니하였다. → 않았다.

⑨ 교실에서 아이들이 굉장히 떠들어 댄다. → 떠들었다.

⑩ 오랜만에 마음껏 웃어 댔다. → 웃었다.

⑪ 고통을 견디어 낸 사람이 결국 승리했다. → 견딘

⑫ 우리 학교 강당은 넓지 않다. → 좁다.

(2) 접속어

　문장의 군더더기를 만드는 원인에는 여러 가지가 있지만, 접속어도 그중 하나다. 글이 지닌 힘을 약하게 하고, '문장의 효율'을 떨어뜨리는 주요 요인이기 때문이다. 물론 접속어가 반드시 필요한 경우가 있기는 하지만, 좋은 문장을 만들기 위해서는 가능한 한 접속어를 줄이는 것이 좋다. 접속어 없이도 살아 있는 문장, 좋은 문장을 얼마든지 만들 수 있다. 많은 사람이 굳이 접속어를 고집하는 이유는 다음과 같다.

　첫째, 문장의 연결이 부자연스러울 것이다.
　둘째, 나의 주장이 설득력이 없어 보일 것이다.
　셋째, 인과(因果) 관계가 성립하지 않을 것이다.

　다음 문장을 읽어 보자.

> "나는 어젯밤 늦게까지 숙제를 했다. 그래서인지 오늘 아침에 늦잠을 잤다. 그래서 결국 지각을 했다."

　이 문장은 세 가지 사실에 대해 말하고 있다.

① 어젯밤 늦게까지 숙제를 했다.
② 늦잠을 잤다.
③ 지각을 했다.

　위 세 가지 사실만 언급하면 된다. 접속어를 없애고 문장을 다시 구성해 보면 다음과 같다.

　④ 나는 어젯밤 늦게까지 숙제를 했다. 오늘 아침에 늦잠을 잤다. 지각을
　　 했다.

이제 읽는 이의 입장에서 생각해 보자. 문장 ④만으로도 충분히 어떤 상황인지 알 수 있다.

이 문장의 경우, 접속어는 문장을 이해하는 데 별 도움이 되지 않는다. 접속어는 비단 문장과 문장 사이에서만 남용되는 것이 아니다. 하지만 글을 길게 쓰는 습관을 가진 사람의 글을 읽어 보면 단락의 맨 앞에 여지없이 접속어가 등장한다. 앞 문장과 인과 관계가 있음을 증명하고 싶은 마음 때문이다.

이제부터 가능하면 접속어 없이 글을 쓰는 습관을 가지자. 접속어가 없으면 글의 흐름이 끊어질 것이라는 생각을 버리지 않으면 글을 결코 잘 쓸 수 없다. 접속어를 생략하는 것에는 다음과 같은 장점이 있다.

　① 물꼬가 트인다.
　② 흐름이 유연해진다.
　③ 폭발력이 생긴다.
　④ 결합력(結合力)이 강해진다.

이왕이면 짧은 호흡으로 읽는 이를 감동시키는 것이 좀 더 경제적이지 않겠는가? 접속어 없이도 문장을 매끄럽게 읽을 수 있다면 굳이 많은 에너지를 소모하면서까지 읽는 이에게 지루함을 안겨줄 이유가 없다.

글쓰기가 끝나면 글을 잘 썼는지를 살펴보기보다는 더 이상 줄일 곳이 없는지 살펴보자.

다음 문장의 접속어를 빼고 다시 읽어 보자. 문장을 이해하는 데 불편함이 없다는 사실을 쉽게 알게 될 것이다.

【예문】

① 오늘은 체험 학습이 있는 날이다. 그래서 우리들은 평소보다 일찍 학교 앞에 집합했다. 학생들이 모두 집합하자 교장 선생님이 말씀이 있었다. 그리고 학생들이 하나둘씩 버스를 탔다. 그리고 얼마나 지났을까? 우리는 드디어 체험 학습 장소에 도착했다.

② 아파트가 완공되어 막 입주한 시기에는 입주자대표회의가 구성되어 있지 않다. 그리고 입주자들이 가만히 있으면 영원히 입주자대표회의는 구성되지 않는다. 그래서 주택법은 입주자대표회의의 구성을 위한 법 조항을 두어 입주자대표회의가 조속히 구성될 수 있도록 돕고 있다.

③ 나는 평소 기름진 음식을 좋아하지 않는다. 그리고 고기도 좋아하지 않는다. 이와 같이 기름진 음식과 고기를 즐겨 먹으면 건강을 해칠 것이 뻔한데, 사람들은 왜 이런 음식들을 즐기는 것일까?

교정·교열자를 위한 팁

접속어의 종류

① 접속어의 종류

접속어는 문장 내부의 성분이나 문장과 문장을 이어 주는 역할을 한다. 대개의 경우 접속어는 생략이 불가능하거나, 설명형 문장을 작성하거나, 의미를 좀 더 명확히 전달하고자 하는 경우 등에 사용한다. 먼저 접속어의 종류에 대해 알아보자.

■ 접속어의 종류

종류	설명	예
순접	앞과 뒤의 문장이 서로 순순히 이어지는 관계	그리고, 그러니, 그래서, 그러므로, 이와 같이, 그리하여
역접	앞과 뒤의 문장이 서로 상반되는 관계	그러나, 그래도, 그렇지만, 하지만, 반면에
인과	앞 문장이 뒤에 오는 문장의 원인이 되고, 뒷 문장이 결과가 되게 이어 주는 관계	그러므로, 따라서, 왜냐하면, 그래서
비유, 예시	앞 문장을 설명하기 위해 뒷 문장에 예를 드는 관계	예를 들어, 가령
첨가, 보충	뒷 문장에 보충 설명을 덧붙이는 관계	그리고, 게다가, 뿐만 아니라, 더구나, 또, 또한, 덧붙여, 더욱
전환	앞 문장과 화제가 바뀌어 연결되는 관계	그런데, 아무튼, 한편, 그러면
대등	앞의 내용과 뒤의 내용이 대등하게 이어지는 관계	그리고, 및, 한편
환언	앞의 내용을 바꾸어 말하거나, 결론을 도출하거나, 전체 문장을 간략하게 요약하는 관계	요컨대, 다시 말하면, 즉, 곧, 결국, 따라서, 바꾸어 말하면,
선택	어떤 것을 선택하는 관계	또는, 혹은, 그렇지 않으면

② 약이 되는 접속어, 독이 되는 접속어

접속어는 쓰임에 따라 약이 되기도 하고, 독이 되기도 한다. 문장의 흐름을 원활하게 하고, 읽는 이의 이해를 돕는 경우에는 약이 되고, 문장에 불필요하게 섞여 문장의 흐름을 방해하고, 의미를 왜곡하며, 문장의 주제를 모호하게 하는 경우에는 독이 된다.

다음은 접속어가 잘못 쓰인 경우의 예이다.

① 서울에서는 생필품 값이 3% 올랐다. 그리고 부산에서는 5% 내렸다.
　(← 그러나)

② 나는 밥을 먹었다. 더욱이 밤에는 피자를 먹었다.(← 그리고)

③ 외국에 계신 아버지가 아들에게 선물을 보냈다. 한편 딸에게는 보내지 않았다.(← 그러나)

④ 과일 값이 올랐다. 그러나 커피 값도 올랐다(← 그리고)

같은 말을 반복하지 마라

　우리는 가끔 말이 많은 사람을 만나곤 한다. 이 사람들이 하는 말을 유심히 들어 보면 정작 필요한 말보다는 필요 없는 말이 훨씬 더 많다는 사실을 알게 된다. 말이 많은 사람은 대개 같은 단어를 반복하여 사용하는 경향이 있다. 그 사람이 사용할 수 있는 어휘에는 한계가 있기 때문이다.
　아무리 중요하고 듣기 좋은 말이라 하더라도 똑같은 말을 계속 듣게 되면 나중에는 무슨 말을 하는지조차 모르게 되고, 심지어 그 사람이 진실을 이야기하는지도 의심을 하게 된다. 또한 이러한 사람을 만나면 그 자리를 빨리 벗어나고 싶어진다.

　문장도 마찬가지다. 문장이 길어지고 같은 단어를 반복할수록 문장을 읽는 속도가 느려지고, 무슨 말을 하려고 하는지가 모호해진다. 이러한 문장을 읽다 보면 "도대체 무슨 이야기를 하고 싶은 거야?"라는 생각이 절로 난다. 심한 경우 문장을 읽다 말고 책을 덮어 버리게 된다. 말이 많으면 말실수를 하게 되듯이 문장도 길어지면 반드시 문제가 생긴다는 점을 명심하라.

(1) 같은 단어의 반복(동어 반복, 同語 反復)

　같은 단어를 한 문장 안에서 반복하면 읽는 이가 지루함을 느끼게 될 뿐만 아니라 설득력도 잃게 된다. 같은 단어를 반복한다는 것은 자신의 논리에 자신이 없다는 방증이자, 어떻게 해서든 상대방을 설득해야 한다는 조바심의 발로다. 문장의 길고 짧음, 중언부언 여부 등은 글이 살아 움직이느냐, 죽어 있느냐를 측정하는 척도라고 할 수 있다.

　다음 예문을 읽은 후 같은 단어에 밑줄을 그어 보고, 올바르게 고쳐 보자.

【예문】

① 암산을 1의 자리끼리, 10의 자리끼리 계산하는 방법만을 암산으로 해서는 암산의 의미가 없다.

② 이 책은 어제 동생과 함께 서점에 가서 구입한 책이다.

③ 공익을 우선시해야 할 것인가, 사익을 우선시해야 할 것인가의 논의에 앞서 공익 추구에 대한 여러 비판적 시각에 대해 먼저 알아보는 것이 필요하다.

④ 비만으로 인해 생길 수 있는 합병증에는 당뇨, 고지혈증 등이 있다.

⑤ 여러 개의 덧셈과 여러 개의 곱셈에서 아무거나 먼저 더하거나 곱할 수 있는 확실한 이유를 알려 줄 필요가 있다.

【예문 설명】

　①에서는 '암산'이라는 단어를 한 문장에 무려 세 번이나 사용했다. 따라서 이 문장은 "암산이 의미를 가지려면 1의 자리끼리, 10의 자리끼리 계산하는 방법만을 사용해서는 안 된다."라고 고치는 것이 좋다. ②에서는 책이

라는 단어를 중복하여 사용하였다. 따라서 이 문장은 "이 책은 어제 동생과 함께 서점에서 구입했다."라고 고치는 것이 좋다. ③에서는 "~우선시 해야 할 것인가"가 중복되었으므로 "공익과 사익 중 어느 것을 우선시해야 할 것인지를 논의하기 전에 공익 추구에 대한 여러 비판적 시각에 대해 알아보는 것이 필요하다."라고 고치는 것이 좋다. ④에서 '비만으로'의 '~으로'는 이어지는 '인해'와 마찬가지로 '어떤 일이 발생하게 된 원인'을 뜻하는 말이다. '인해'는 군더더기이므로 빼도 무방하다. 따라서 이 문장은 "비만으로 생길 수 있는 합병증에는 당뇨, 고지혈증 등이 있다."라고 고치는 것이 좋다.

다음 예제를 올바르게 고쳐 보자.

【예문】

① 이번 특별상은 한국 영화계 발전에 기여한 개인 및 단체에게 수여한 상이다.

② 자연 현상은 과학적인 측면, 심리적인 측면, 논리적인 측면 등과 같이 다양한 방향에서 파악 가능한 것이므로, 보는 방향에 따라 다양한 결론이 도출될 수 있다.

③ 떠나간 첫사랑을 그리워하는 것은 속절없는 일이 아닐 수 없다.

④ 되는 것을 아는 것도 필요하지만 안 되는 것을 왜 안 되는지 아는 것도 필요하다.

⑤ 음식의 기능 중 가장 중요한 기능은 신체 활동 유지 기능이다.

⑥ 나는 너를 믿어 의심치 않는다.

⑦ 나는 그 소녀를 잘 알고 있지 못하다.

⑧ 갈 길이 멀다. 우리부터 먼저 출발하자.

⑨ 간부는 능동적이고 자발적으로 행동해야 한다.

⑩ 과거 전력을 들추는 것은 비겁한 일이다.

⑪ 그녀는 앞으로 그녀가 무엇을 할 것인가 하는 미래의 계획을 세웠다.

⑫ 무엇보다도 가장 중요한 것은 건강이다.

⑬ 이 자리에 있는 사람 모두 다 명심하기 바란다.

⑭ 네 말은 거의 공상에 가깝다.

⑮ 이번 방학에는 무슨 일이 있어도 반드시 이 책을 읽고야 말겠다.

⑯ 서울이 하루가 다르게 급변하는 모습을 보니 놀랍다.

⑰ 이번 행사 장소를 미리 예약해라.

⑱ 회칙에 명시되어 있지 않은 사안은 일반 관례에 따르기로 최종적으로 합의를 했다.

⑲ 거짓말도 그럴듯하고 자연스럽게 해야 한다.

⑳ 우리가 자랑스러운 한민족임을 잠시라도 잊거나 망각해서는 안 된다.

【수정 예】① 이번 특별상은 한국 영화계 발전에 기여한 개인 및 단체에게 수여하는 것이다. ① 자연 현상은 과학적·심리적·논리적인 측면 등에서 파악할 수 있으므로, 보는 각도에 따라 다양한 결론이 도출될 수 있다. ③ 떠나간 첫사랑을 그리워하는 것은 속절없는 일이다. ④ 되는 것과 안 되는 것을 아는 것은 필요하다. ⑤ 음식의 가장 중요한 기능은 신체 활동 유지이다. ⑥ 나는 너를 믿는다. ⑦ 나는 그 소녀를 모른다. ⑧ 갈 길이 멀다. 우리부터 출발하자. ⑨ 간부는 능동적으로 행동해야 한다. ⑩ 과거를 들추는 것은 비겁한 일이다. ⑪ 그녀는 계획을 세웠다. ⑫ 무엇보다 중요한 것은 건강이다. ⑬ 이 자리에 있는 사람은 명심하기 바란다. ⑭ 네 말은 거의 공상이다. ⑮ 이번 방학에는 반드시 이 책을 읽겠다. ⑯ 서울이 급변하는 모습을 보니 놀랍다. ⑰ 이번 행사 장소를 예약해라. ⑱ 회칙에 명시되어 있지 않은 사안은 일반 관례에 따르기로 했다. ⑲ 거짓말도 그럴듯하게 해야 한다. ⑳ 우리가 자랑스러운 한민족임을 잠시라도 잊어서는 안 된다.

(2) 같은 의미의 반복(겹말)

　같은 의미를 반복하는 행위도 문장을 해치는 사례에 해당한다. 우리가 같은 의미를 반복하는 것은 오래전부터 사용하여 이미 익숙해졌거나 원어(한자어 등)의 의미를 잘 모르는 데에서 비롯된다. 같은 의미의 반복을 피하기 위해서는 원어를 정확히 인식하고 겹말이 없는지 면밀하게 살피는 습관을 가져야 한다.

【예문】

① 멀리 보이는 초가집에서 밥 짓는 연기가 모락모락 하늘로 올라간다.

② 이 문서에는 여러 가지 잡다한 것들이 많이 기록되어 있다.

③ 사기꾼에게 피해를 당했다.

④ 세상이 위험하니 어두운 밤길에 다니지 말고 밝은 대낮에 다녀라.

⑤ 네 불만을 겉으로 표출하지 마라.

⑥ 그 청년, 겉보기에 인상이 참 좋더라.

⑦ 국가는 사회악을 완전히 근절해야 합니다.

⑧ 가장 최선의 방법이 무엇인지 찾아보시오.

⑨ 개인적인 사견을 말씀드리겠습니다.

⑩ 이번 사건은 날조된 조작극입니다.

【수정 예】① 멀리 보이는 초가에서 밥 짓는 연기가 모락모락 하늘로 올라간다. ② 이 문서에는 여러 가지가 기록되어 있다. ③ 사기꾼에게 사기를 당했다. ④ 세상이 위험하니 밤길에 다니지 말고 대낮에 다녀라. ⑤ 네 불만을 겉으로 드러내지 마라. ⑥ 그 청년, 인상이 참 좋더라. ⑦ 국가는 사회악을 근절해야 합니

【예문 설명】

①의 경우 초가의 한자는 '草家'이다. 한자 안에 '집(家)'이라는 의미가 포함되어 있다. 그럼에도 또다시 '집'이라는 단어를 붙여 사용하고 있다. ②는 더 심각하다. 여러 가지에 이미 '많다(多)'라는 의미가 포함되어 있는데도 또다시 '잡다'(雜多, 많은 것이 어지럽게 뒤섞여 있다)라는 표현을 사용하고 있고, '들'이라는 의존 명사와 '많이(수효나 분량, 정도 따위가 일정한 기준보다 넘게)'라는 부사를 넣어 또다시 '많다'라는 표현을 사용하고 있다.

③에서 '피해'의 사전적 의미는 '생명이나 신체, 재산, 명예 따위에 손해를 입음.'이다. 한자어를 보더라도 피해(被害)의 '피(被)'에는 '입다', '당하다'라는 '피동'의 의미가 담겨 있다. '피선거권자(被選擧權者)', '피상속인(被相續人)'을 떠올려보면 그 의미를 쉽게 짐작할 수 있다. 즉, '피해를 당하다'는 '당하다'라는 의미를 중복 사용한 것이다. ④에서 어두운 밤길의 경우, 밤에는 '어둡다'라는 의미가 포함되어 있으므로 앞의 '어두운'과 중복된 것이고, 밝은 대낮의 '밝은'과 '대낮'도 중복된 것이다.

⑤에서의 '겉으로'와 '표출(表出)', ⑥에서의 '겉보기'와 인상(印象, 어떤 느낌이 마음속에 뚜렷하게 남다), ⑦에서의 '완전히'와 '근절(根絕, 뿌리째 뽑아 없애다)', ⑧에서의 '가장'과 최선(最善), ⑨에서의 '개인'과 사견의 사(私), ⑩에서의 '날조(捏造)'와 조작(造作)도 엄연한 중복이다.

다음은 우리 주변에서 발견되고 있는 동의 반복의 예를 정리한 것이다. 다만 족발, 처갓집, 외갓집, 온종일은 겹말임에도 표준어로 인정되어 국어사전에도 올라 있으므로, 이 말을 제외한 다른 말들은 올바르게 사용해야 한다.

다. ⑧ 최선의 방법이 무엇인지 찾아보시오. ⑨ 사견을 말씀드리겠습니다. 제 의견을 말씀드리겠습니다.
⑩ 이번 사건은 조작된 것입니다.

다음은 겹말의 예이다. 독자의 이해를 돕기 위해 필요한 경우, 한자를 병기하였다.

■ 겹말의 예

국화 꽃(菊花+꽃)	나홀로 독수공방(獨守空房)
가까이 접근(接近)하다	호피(虎皮) 가죽
힘든 노동(勞動)	현재(現在) 재학(在學) 중(中)
화물(貨物) 트럭(Truck, 화물 자동차)	하얀 백발(白髮)
현안(懸案) 문제	허다(許多)하게 많다
해변(海邊) 가	꿈을 해몽(解夢)하다.
차가운 냉기(冷氣)	황토(黃土) 흙
LPG(Liquefied Petroleum Gas) 가스	가까이 접근(接近)하다.
고목(古木) 나무	역전(驛前) 앞
공기를 환기(換氣)시키다	같은 동갑(同甲)
구전(口傳)으로 전해지다	겪은 경험(經驗)
죽은 시체(屍體)	결실(結實)을 맺다
즉, 다시 말해서	계속 속출(續出)하다
지나가는 과객(過客)이오	넓은 광장(廣場)
차에 승차(乘車)하세요	남은 여생(餘生)
같은 동포(同胞)	죽음을 각오하고 결사적(決死的)으로 싸웠다
주일(主日) 날	널리 보급(普及)되다
접수(接受) 받다	일찍이 조실부모(早失父母)하다

그때 당시	좋은 호평(好評)
잘못으로 오인(誤認)하다	자매결연(姉妹結緣)을 맺다
자리에 착석(着席)하다	인생살이
돈을 송금하다	함성(喊聲) 소리
맛을 음미하며 맛있게 먹었다.	책을 읽고 느낀 소감
봉변(逢變)을 당하다	굉음(轟音) 소리
대강 어림잡아	공해에 대한 대응책
매일(每日)마다	인구(일정한 지역 안에 사는 사람의 수) 수는
기간(그 사이) 동안에	사람명('명'은 사람을 세는 단위) 수가
가끔(시간적·공간적 간격이 얼마쯤씩 있게)씩은	이따금(얼마쯤씩 있다가 가끔)씩
금발(金髮)의 머리털	형극(荊棘)의 가시밭길
현미(玄米)쌀	이름난 명산
허송세월(虛送歲月)을 보냈다	탈(脫)꼴찌에서 벗어나
파편(破片) 조각	증조(曾祖)할아버지
투고(投稿)한 원고	큰 대문(大門)
긴 장대(長大)	피해(被害)를 입다
한옥(韓屋) 집	농번기(農繁期) 철
철로(鐵路)길	김장(겨우내 먹기 위해 김치를 한꺼번에 많이 담그는 일) 담그다
처음부터 초지일관(初志一貫)하다	뇌리(사람의 의식이나 기억, 생각 따위가 들어 있는 영역=뇌중) 속
해결하기 어려운 난제(難題)	난생 처음
과반수 이상	필요한 필수품(必需品)
지나간 과거(過去)	푸른 창공(蒼空)

하얀 백자	판이(判異)하게 다르다
크게 대로(大怒)하다	축구(蹴球)를 차다
청천(晴天) 하늘에 날벼락	천도(天桃) 복숭아
저무는 세모(歲暮, 한 해가 끝날 무렵)	처음 시작(始作)하다
집에서 가출(家出)하다	지프(Jeep, 사륜구동의 소형 자동차) 차
음모(陰謀, 나쁜 목적으로 흉악한 일을 꾸밈)를 꾸미다	유산(遺産)을 물려주다
연휴(連休)가 계속되다	우방(友邦) 국가
영업용 택시(영업용 승용차)	완전히 전멸(全滅)했다
유기(鍮器)그릇	왼쪽으로 좌회전하세요
완두(豌豆)콩	똑바로 직진하세요
역사적 사료	올해 나온 햅쌀
아직 상존(尙存)하다	아픈 통증(痛症)
매 순간마다	떨어지는 낙엽
어려운 난관을 뚫고	근거 없는 낭설(浪說)
우리 아군(我軍)은 죽기를 각오하고 싸웠다	미리 예습을 하는 것이 좋을 것 같다
우리가 살던 집은 한옥이었다	범행(犯行)을 저지르다
벌레 살충제를 뿌리다	새로 개발한 신제품
타고난 선천적 재능	남쪽 방향
지나치게 남용(濫用)하다.	민족 고유의 전통 문화
차갑고 냉담한 반응	쉽게 보아 넘길 수 없는 심각한 수준
상가집	아침부터 저녁까지 하루종일
반드시 갖추어야 할 필수적인 요소	동해(서해, 황해) 바다

짜인 각본(脚本)	맡은 바 직무
가로수(街路樹) 나무	가죽 혁대(革帶)
12월달	12일날
옥상 위	내면 속
농사일	포승(捕繩)줄
전기 누전(漏電)	취재진들
홍시(紅柿)감	과정 속에서
근래들어	모래사장(-沙場)
속내의	약수(弱水)물
책을 읽는 독자	머리를 삭발하다
작품을 출품하다	비축해 두다
공감을 느끼다	관찰해 보다
이런 견지에서 본다면	관점에서 보면
수입해 들여오다	수확을 거두다
집에 귀가하다	둘로 양분하다
늘 상비(當備)하다	회사에 입사하다
먼저 선취점을 얻다	스스로 자각하다
서로 상의하다	탁구(卓球)치다
사랑하는 애인	새로 신설하다
만나서 면담하다	시험에 응시하다
서울로 상경하다	오랜 숙원(宿怨)
다시 재론하다	호시탐탐 노리다
아쉽게도 석패(惜敗)했다.	박수(拍手)를 치다

(3) 같은 문법 요소의 반복

　문장을 읽다 보면 한 문장 안에서 똑같은 조사나 연결 어미 등이 반복되는 경우를 종종 볼 수 있다. 특별한 이유 없이 한 문장 안에 동일한 단어를 반복하는 것을 피해야 하듯, 동일한 문법 요소를 반복하여 사용하는 것도 피해야 한다. 이는 우리말이 같은 말을 반복하더라도 별 문제가 없다는 것에 그 원인이 있다. 뜻 자체는 통하기 때문이다.

　하지만 글을 읽는 이의 입장에서는 어색하다. 반복되는 문법 요소가 많으면 글쓴이의 의도를 제대로 전달하기 어렵고, 문장의 흐름을 방해한다. 우리말에서 이러한 반복 경향은 '은, 는, 이, 가'와 같은 주어, '을, 를'과 같은 목적격 조사, '~의'와 같은 관형격 조사, '~를'과 같은 복수형 접미사, '~도'와 같은 보조사, '~(으)로'와 같은 부사격 조사가 들어간 문장에서 쉽게 찾을 수 있다.

　다음 예문을 읽어 보자.

【예문】

① 영희는 철수는 반드시 이 자리에 나타날 것이라고 믿는다.

② 오늘날 환경 문제가 심각한 문제가 되고 있다.

③ 도둑이 경찰이 쫓아오자 담을 넘어 도망갔다.

④ 나는 학교에 가서 매점에 갔다.

⑤ 내가 이렇게 건강한 것은 모두 어머님 덕분으로 생각한다.

【예문 설명】

①에서 주어인 '는'을 반복 사용하여 문장이 어색하다. 따라서 문장을 자연스럽게 만들려면 "영희는 철수가 반드시 이 자리에 나타날 것이라고 믿는다."라고 고치는 것이 좋다. ②에서는 주어인 '가'를 반복하고 있다. 따라서 이 문장은 "오늘날 환경 문제가 심각해지고 있다."로 고치는 것이 좋다. ③은 "도둑은 경찰이 쫓아오자 담을 넘어 도망갔다."로 고치는 것이 좋다. ④는 조사인 '에'를 반복하고 있다. 따라서 "나는 학교에 있는 매점에 갔다."로 바꾸는 것이 좋다. ⑤는 조사를 반복하여 문장이 어색하다. "내가 이렇게 건강한 것은 모두 어머님 덕분이라고 생각한다."로 바꾸는 것이 좋다.

다음 예제를 올바르게 바꿔 보자.

【예제】

① 스승의 날을 맞아 초등학교 때 나를 지도해 주신 은사님께 작은 선물을 보냈다.

② 경찰에서는 가정집에 침입한 강도를 격투 끝에 붙잡은 이 군에게 모범 시민상을 수여하기로 했다.

③ 지수는 배가 아파 웅크린 자세로 양호실에 갔다.

④ 그는 눈의 구조를 착안하여 카메라의 렌즈를 발명했다.

⑤ 학교에서는 그 학생을 표창을 했다.

⑥ 도둑이 제발이 저린다.

⑦ 내 친구들도 순수하고도 명랑한 이 아이를 사랑한다.

⑧ 나는 자리에서 벌떡 일어나 그 아이 쪽으로 걸어가서 사탕을 내밀었다.

⑨ 많은 업체들이 중국 시장을 선점하기 위해 치열한 경쟁을 벌이고 있다.

⑩ 내가 사는 동네에는 많은 선술집들이 즐비하고 저녁마다 술을 마시려는 사람들로 북새통을 이룬다.

⑪ 경찰이 종로 네거리에서 열린 노동자대회에서 최루탄을 쏘았다.

⑫ 대부분의 사람들은 우리나라가 곧 선진국의 대열에 합류할 것이라고 굳게 믿고 있다.

⑬ 영업의 활성화를 위해 부서 간의 협조가 절실히 필요한 상황이다.

⑭ 사회는 모든 요소가 조화를 이루는 가운데 발전을 해 나간다.

⑮ 인간의 가장 두드러진 특징 중의 하나는 재물에의 욕구이다.

【수정 예】 ① 스승의 날을 맞아 <u>초등학교 은사님께</u> 작은 선물을 보냈다. ② 경찰은 가정집에 침입한 강도를 격투 끝에 붙잡은 이 군을 <u>모범 시민으로 선정했다.</u> ③ 지수는 <u>아픈 배를 안고</u> 양호실에 갔다. ④ 그는 눈의 <u>구조에</u> 착안하여 카메라의 렌즈를 발명했다. ⑤ 학교에서는 그 학생<u>에게</u> 표창을 했다. ⑥ 도둑이 <u>제발</u> 저린다. ⑦ 내 <u>친구들은</u> 순수하고도 명랑한 이 아이를 사랑한다. ⑧ 나는 자리에서 벌떡 일어나 <u>그 아이 쪽으로 걸어간 다음,</u> 사탕을 내밀었다. ⑨ 많은 <u>업체가</u> 중국 시장을 선점하기 위해 치열한 경쟁을 벌이고 있다. ⑩ 내가 사는 동네에는 선술집이 즐비하고 저녁마다 술을 마시려는 <u>사람으로</u> 북새통을 이룬다. ⑪ 경찰이 <u>종로 노동자대회에서</u> 최루탄을 쏘았다. ⑫ <u>사람들은 대부분</u> 우리나라가 곧 선진국의 대열에 합류할 것이라고 굳게 믿고 있다. ⑬ 영업 활성화를 위해 <u>부서 간</u> 협조가 절실히 필요한 상황이다. ⑭ 사회는 모든 요소가 조화를 이루는 가운데 <u>발전해</u> 나간다. ⑮ 재물에 대한 욕구는 <u>인간의 기본적인 욕구 중 하나다.</u>

불필요한 꼬리는 잘라라

"사람 말은 끝까지 들어 봐야 알 수 있다."라는 말이 있다. 문장도 마찬가지다. 우리말의 앞쪽에는 원인, 배경 등이 오는 경우가 많고, 뒤쪽에는 결론이 오는 경우가 많기 때문에 문장을 끝까지 읽어 보지 않으면 글쓴이가 무슨 말을 하고 있는지 알 수 없는 경우가 많다. 불필요한 문장을 잘라 내면 문장을 짧게 쓸 수 있을 뿐만 아니라 의미도 쉽게 전달할 수 있다. 없어도 뜻이 통한다면 굳이 길게 쓸 이유가 없다. 다음은 불필요한 문장의 예를 든 것이다. 이 밖에 다른 문장을 찾아 정리해 보자.

① ~라고 말할 수 있다.(← 이다.)
② ~라고 보는 것이 좋을 것이다.(← 라고 본다.)
③ ~ 결과를 낳은 셈이다.(← 결과를 낳았다)
④ ~ㄹ 것 같지 않다.(← ㄹ은 아니다.)
⑤ ~ 없다고 아니할 수 없다.(← 없다.)
⑥ ~라고 생각한다.(← 일 것이다.)
⑦ ~라고 알려져 있다.(← 알려졌다.)

⑧ ~ 살펴보기로 하자.(← 살펴보자.)

⑨ ~하게 되고 만다.(← 하게 된다.)

다음 예문을 읽고 불필요한 부분을 고쳐 보자.

【예문】

① 사업의 성패를 좌우하는 핵심 요소는 다름 아닌 '영업력'임을 알 수 있다.

② 나는 너를 기억하고 있다.

③ 현재 등록된 ㅇㅇ업체 가운데 10명 이상의 연구원을 보유한 곳은 4개뿐이고, 950여 개의 ㅇㅇ등록 업체는 영세한 판매상에 불과한 실정이다.

④ 실로 어처구니없는 일이 아닐 수 없다.

⑤ 그녀를 알게 되면 사랑하지 않을 수 없다.

【예문 설명】

① '~다름 아닌~임을 알 수 있다'는 불필요하다. 따라서 "사업의 성패를 좌우하는 핵심 요소는 '영업력'이다."라고 고치는 것이 좋다. ② '~를 기억하고 있다'도 불필요하다. "나는 너를 기억한다."로 고치는 것이 좋다. ③ '~불과한 실정이다'도 문장의 군더더기를 만드는 요소이다. "현재 등록된 ㅇㅇ업체 가운데 10명 이상의 연구원을 보유한 곳은 4개뿐이고, 950여 개의 ㅇㅇ등록 업체는 영세한 판매상에 불과하다."라고 고치는 것이 좋다. ④ 특별하지 않은 일을 장황하게 늘어놓은 문장이다. "어처구니없는 일이다."로 고치는 것이 좋다. ⑤ '~하지 않을 수 없다'는 군더더기다. "그녀는 사랑스러운 여자다."로 바꾸는 것이 좋다.

다음 예제를 올바르게 바꿔 보자.

【예문】

① 지붕에는 횡으로 점토 띠를 가로질러 새끼줄로 이엉을 얽어 맨 모양을 하고 있다.

② 사랑은 천 가지 냄새와 천 가지 모양을 가지고 있다.

③ 이와 같은 사례는 팥은 붉은 색이고, 잡귀는 붉은 색을 싫어한다는 데 기인한다.

④ 그의 인격은 욕심을 부리지 않는 데서 말미암은 것이다.

⑤ ㅇㅇㅇ은 이러한 음력 날짜의 표기 오류를 시중에 유통되고 있는 일부 비공식적 만세력 자료를 이용해 프로그램을 제작한 데서 빚어진 것이다.

⑥ 최근 들어 양쪽 뺨이나 몸에 붉은 발진이 생기는 '전염성 홍반'이 크게 급증하고 있어 보건당국의 우려를 자아내고 있다.

⑦ 생각은 무한한 가능성을 가지고 있다.

⑧ 추가 수수료를 지불하지 않으면 안 된다.

⑨ 임대 아파트 주민들을 대상으로 무료 건강 검진을 실시하였다.

⑩ 남과 북이 협상을 벌이다.

⑪ 약속을 지키기 위하여 최선의 노력을 경주하고 있습니다.

⑫ 올바른 표현에 관심을 기울이다.

⑬ 우리나라의 출산율은 점차 감소하는 추세에 있다.

⑭ 학생들을 상대로 강의를 해야 하는 상황에 처해 있다.

⑮ 어떠한 선택도 만족스럽지 못한 결과를 가져왔다.

⑯ 낙농은 사람과 오랜 역사를 함께 해온 산업 중의 한 가지라 하겠다.

⑰ 사용자의 취향에 따라 개성이 강한 재질과 형태를 가지고 있다.

⑱ 환경오염으로 강이 죽어 가고 있다.

⑲ 우리의 계획이 착착 진행되어 가고 있다.

⑳ 하(夏)나라나 은(殷)나라를 섬기는 주변의 부족 국가의 수장(首長)을 제후(諸侯)라고 했던 것이다.

㉑ 높이나 너비의 비율이 거의 일대일을 이룸으로써 균형 잡힌 비례 감각을 보여 주고 있다.

㉒ 우수한 인재 확보가 관건이라는 사실을 역사는 말해 주고 있다.

【수정 예】① 지붕은 횡으로 점토 띠를 가로질러 새끼줄로 이엉을 얽어 맨 모양이다. ② 사랑은 천 가지 냄새와 모양을 지니고 있다. ③ 이는 팥은 붉은 색이고, 잡귀는 붉은 색을 싫어한다는 것에서 비롯된다. ④ 그의 인격은 욕심을 부리지 않는 데 있다. ⑤ ㅇㅇㅇ은 일부 비공식적 만세력 자료를 이용한 프로그램에서 비롯되었다. ⑥ 최근 들어 양쪽 뺨이나 몸에 붉은 발진이 생기는 '전염성 홍반'이 크게 급증하고 있어 보건당국이 긴장하고 있다. ⑦ 생각에는 무한한 가능성이 있다. ⑧ 추가 수수료를 지불해야 한다. ⑨ 임대 아파트 주민들을 대상으로 무료 건강 검진이 실시되었다. ⑩ 남과 북이 협상했다. ⑪ 약속을 지키기 위해 최선을 다하고 있습니다. ⑫ 올바른 표현에 관심을 가지다. ⑬ 우리나라의 출산율은 점차 감소하고 있다. ⑭ 학생들을 상대로 강의를 해야 한다. ⑮ 어떠한 선택도 만족스럽지 못했다. ⑯ 낙농은 사람과 오랜 역사를 함께 해온 산업 중의 하나다. ⑰ 사용자의 취향에 따라 개성이 강한 재질과 형태가 있다. ⑱ 환경오염으로 강이 죽어 간다. ⑲ 우리의 계획이 잘 진행되고 있다. ⑳ 하(夏)나라나 은(殷)나라를 섬기는 주변의 부족 국가의 수장(首長)을 제후(諸侯)라고 했다. ㉑ 높이나 너비의 비율이 거의 일대일을 이루어 균형 잡힌 비례 감각을 보여 준다. ㉒ 역사는 우수한 인재 확보가 관건이라는 사실을 말해 준다.

수식어를 줄여라

사람들은 대부분 자신의 글을 강조하기 위해 '아주', '상당히', '매우' 등과 같은 수식어를 습관적으로 사용한다. 하지만 수식어를 많이 사용한다고 해서 문장이 강조되지는 않는다는 것에 문제가 있다. 수식어가 많아진다고 해서 문장이 강조되는 것이 아니라 문장을 읽는 데 불편함을 느끼고, 내용을 이해하는 데도 방해가 된다면 굳이 수식어를 사용할 이유가 없다. 최소한의 수식어만 활용해도 자신이 하고자 하는 말을 충분히 전달할 수 있다.

수식어를 지나치게 사용하면 글이 산만해지고, 명료성이 떨어지며, 내용의 객관성과 읽는 이의 신뢰를 떨어뜨리는 요소로 작용한다.

다음 예문을 읽고 불필요한 부분을 고쳐 보자.

【예문】

① 통발을 들어올려 보니 팔뚝 만한 물고기가 무려 다섯 마리나 들어 있었다.

② 학생을 가르쳐야 하는 선생님이라면 실로 많은 여러 분야의 지식을 갖추어야 한다.

③ 오늘은 상견례가 있는 날이니 가능한 한 늦지 않도록 해라.

④ 오늘 디너쇼에는 상당히 많은 사람이 운집하였다.

【예문 설명】

　①의 수식어는 '팔뚝 만한', '무려', '~마리나'이다. 수식어를 없애고 문장을 정리하면 다음과 같다. "통발을 들어올려 보니 큰 물고기가 다섯 마리 들어 있었다." ② '실로', '많은'은 강조하기 위한 수식어일뿐 반드시 필요한 문장 성분이 아니다. 이왕이면 "학생을 가르쳐야 하는 선생님은 여러 분야의 지식을 골고루 갖추어야 한다."로 바꾸는 것이 좋다. ③ "오늘은 상견례가 있는 날이니 늦지 않도록 해라."라고 해도 의미를 잘 전달할 수 있다. ④ '상당히', '많은'은 불필요한 수식어이다. "오늘 디너쇼에는 많은 사람이 모였다."로 바꾸는 것이 좋다.

교정·교열자를 위한 팁

수식어의 종류

수식어는 '꾸미는 말'이고, 피수식어는 '꾸밈을 받는 말'이다. 수식어의 종류에는 관형어와 부사어가 있다. 관형어는 체언적인 요소를 꾸미는 문장 성분이고, 부사어는 용언적인 요소를 꾸미는 문장 성분이다.

▪ 관형어와 부사어

종류	설명	예
관형어	관형사	헌 옷, 세 사람, 이 친구
	체언+-의	자식으로서의 도리, 신록(의) 푸르름
	용언+관형형 어미 (-을)	영희가 먹을 빵
부사어	부사	매우 뜨겁다. 빨리 떠나자
	체언+부사격 조사 (-에, -에서, -에게, -로)	학원에 갔다, 나무로 지은 집

이와 같이 관형어와 부사어는 문장의 필수 성분이 아니라 부속 성분이기 때문에 이들 수식어가 없어도 문장이 성립한다. 하지만 모든 문장을 필수 성분으로만 구성할 수는 없다. 내용을 전달하는 측면에서는 부족한 면이 있기 때문이다. 다음 문장을 읽어 보자.

① 영희는 바나나를 먹는다.

② 바나나는 노랗다.

①과 ②는 논리적으로 문제가 없다. 그런데 문장이 너무 무미건조하다. 이 문장을 다음과 같이 고쳐 보자.

③ 영희는 노란 바나나를 먹는다.

①과 ②를 합침으로써 글맛이 살아나고, 문장 전달력이 높아졌다.

결국 수식어를 사용할 때는 그것이 많으냐, 적으냐가 아니라 수식어와 피수식어가 얼마나 잘 어울리는지에 중점을 두어 생각하는 것이 더욱 합리적이다.

한 문장에는 한 가지 내용만 담아라

뷔페에 가면 여러 가지 맛있는 음식을 한꺼번에 먹을 수 있다. 뷔페에서는 음식을 담을 때 큰 접시 하나만을 사용한다. 그러다 보니 여러 가지 음식이 한 접시에 담게 된다. 많이 먹을 욕심에 여러 종류의 음식을 한 접시에 담게 되면 음식이 섞여 맛도 이상해지고, 보기에도 좋지 않다. 현명한 사람은 적은 양을 자주 가져다 먹는다. 그래야만 여러 가지 음식을 천천히, 다양하게 즐길 수 있다.

문장도 마찬가지다. 많이 쓰고 싶은 욕심에, 아는 체할 욕심에 한 문장에 많은 내용을 담게 되면 정확한 의미를 전달할 수 없게 된다. 한 문장에 많은 내용을 집어넣으려 하지 말고, 오로지 한 가지 메시지만 전달한다는 생각으로 짧게 끊어 쓰는 것이 바람직하다.

한 문장에 한 가지 내용을 담아야 한다는 것을 '일사일문의 원칙'이라고 한다. 일사일문의 원칙을 한자로 표현하면 '一事一文', '一思一文'이라 할 수 있다. 즉, 한 문장에는 한 가지 사실 또는 한 가지 생각만 담으라는 것이다. 어떤 문장을 처음 읽었을 때 무슨 뜻인지 몰라 다시 한 번 읽게 된다면 결코 좋은 문장, 간결한 문장이라 할 수 없다.

그렇다면 어떻게 해야 한 문장에 한 가지 내용만을 담을 수 있을까? 그 비결은 바로 한 문장에 한 개씩의 주어와 서술어를 사용하는 것이다. 다음 문장을 읽어 보자.

【예문】

① 나는 우리 학급의 반장으로서 이번 주 금요일 학급 환경 미화 평가에서 좋은 성적을 받아 학급의 위상을 높이기 위해 많은 노력을 했고, 어제는 환경 미화에 필요한 준비물을 사기 위해 엄마와 함께 마트에 다녀오느라 학원에도 지각하고, "다른 아이들은 환경 미화에 신경을 쓰지 않는데 왜 너만 준비를 하느냐?"라며 야단을 치시는 엄마에게 말대꾸를 했다가 꾸중을 들었다.

② 이번 정부에서는 경제 안정 기조를 조성하기 위한 재정 및 통화 정책이 실시될 것으로 보이는데, 그 이유는 투자 심리 위축 및 엔고 하락으로 인한 양적 확대의 둔화로 경제 성장률이 2%대로 하락할 전망이기 때문이다.

【예문 설명】

문장 ①에서 알 수 있는 사실을 구분해 보면 다음과 같다.

- 나는 우리 학급의 반장이다.
- 이번 주 금요일에 학급 환경 미화 평가가 있을 예정이다.
- 나는 환경 미화 평가에서 좋은 성적을 받아 학급의 위상을 높이려고 노력하고 있다.
- 어제는 환경 미화 준비물을 사느라 마트에 다녀오는 바람에 학원에 지각을 했다.

- "다른 아이들은 환경 미화에 신경을 안 쓰는 데 왜 너만 힘들게 준비를 하느냐?"는 엄마의 말에 말대꾸를 했다가 꾸중을 들었다.

위 다섯 가지의 사실이 한 문장에 모두 담겨 있다. 이 문장은 다음과 같이 수정하면 훨씬 읽기도 쉽고, 이해하기도 쉬워진다. 다음 문장을 읽어 보자.

나는 우리 학급의 반장이다. 이번 주 금요일에는 학급 환경 미화 평가가 있을 예정이다. 이번 평가에서 좋은 성적을 받으면 학급의 위상이 한층 높아질 것이다. 그래서 나는 열심히 준비했다. 학급 환경 미화 준비를 하느라 학원에 지각을 하기도 했지만 마음만은 즐거웠다. 엄마는 "다른 아이들은 환경 미화에 신경을 쓰지 않는데 왜 너만 준비를 하느냐?"라고 하시면서 야단을 치셨다. 하지만 나는 내가 맡은 역할을 다하는 것이라고 생각하기 때문에 엄마의 꾸중이 야속하지 않다.

문장 ②도 위와 마찬가지로 다음과 같이 고칠 수 있다.

최근 들어 투자 심리 위축 및 엔고 하락으로 인한 양적 확대가 둔화되고 있다. 그 영향을 받아 경제 성장률이 2%대로 하락할 전망이다. 이에 정부에서는 경제 안정 기조를 조성하기 위해 재정 및 통화 정책을 실시할 예정이다.

교정·교열자를 위한 팁

문체의 종류

문체란, 작가의 사상이나 감정을 효과적으로 나타낸 개성적인 표현을 말한다. 문체의 종류는 다음과 같다.

(1) 간결체 : 문장을 짧게 끊어 함축성 있게 표현한 문체를 말한다. 간결하고 쉬워 전달력이 있지만 무미건조하다는 단점이 있다. 만연체의 반대말이다.

  예 오늘은 날씨가 맑다. 기분이 좋다.

(2) 만연체 : 섬세한 감정을 자세하게 표현하여 문장을 길게 쓴 문체를 말한다. 간결체의 반대말이다.

  예 눈보라가 몰아치는 겨울이 오니, 추위 때문에 몸이 떨렸고, 어쩔 수 없이 땔감을 구하러 산에 올랐다.

(3) 강건체 : 말하는 투가 굳세고 강하여 호소력이 느껴지는 문체를 말한다. 연설문에 많이 사용한다. 우유체의 반대말이다.

  예 청춘은 황금 시대다. 우리는 이 황금 시대의 가치를 충분히 발휘하기 위하여, 이 황금 시대를 영원히 붙잡아 두기 위하여 힘차게 노래하며 힘차게 약동하자.(민태원, 〈청춘예찬〉)

(4) 우유체 : 말하는 투가 부드럽고 온화하여 다정하게 느껴지는 문체를 말한다. 문학 작품(특히 동화)에 많이 사용한다. 강건체의 반대말이다.

  예 우리가 수목에서 받는 이 형언할 수 없는 그윽한 기쁨과 즐거움과 위한과 그리고 마음의 안정은 어디서 연유하여 오는 것일까?(김동리, 〈수목송〉)

(5) 화려체 : 아름다운 말과 음악적인 리듬, 색채감 등 여러 가지 표현 방법과 꾸미는 말을 사용하여 글을 화려하게 쓴 문체를 말한다. 건조체의 반대말이다.

> **예** 보라, 청춘을! 그들의 몸이 얼마나 튼튼하며, 그들의 피부가 얼마나 생생하며, 그들의 눈에 무엇이 타오르고 있는가?(민태원, 〈청춘예찬〉)
>
> (6) 건조체 : 문장에서 꾸미는 말을 없애고, 전달하려는 내용만을 쓴 실용적(實用的)인 문체를 말한다. 의미 전달을 위주로 하는 논설문이나 설명문에 많이 사용한다.
>
> (7) 문어체 : 일상의 대화에서는 잘 쓰이지 않고, 글에서만 쓰이는 점잖고 예스러운 문체를 말한다.
>
> (8) 구어체 : 일상생활에서 사용하는 말을 그대로 문장에 사용한 문체를 말한다. 현대 문학에 많이 사용한다.

06

지시어를 줄여라

지시어란, '앞에서 나온 말을 뒤에서 다른 말로 받는 것'을 말한다. 우리말의 대표적인 지시어로는 '이', '그', '저' 등이 있다. 문장에서 반드시 필요한 경우도 있지만, 대상이 분명하지 않은 경우에는 가능한 한 사용하지 않은 것이 바람직하다. 또한 지시어를 자주 사용하면 단순히 뜻만 모호해지는 것이 아니라 대상이 명확한 경우에도 혼란을 주게 된다. 지시어가 쓰인 경우를 예로 들어 보자.

① 홍어는 결혼식과 같은 큰 잔치 때나 맛볼 수 있었던, <u>그런</u> 음식이었다. (← 홍어는 결혼식과 같은 큰 잔치 때나 맛볼 수 <u>있었던 음식</u>이었다.)

② 예수, 그는 인류의 구원자이다.(← <u>예수는</u> 인류의 구원자이다)

③ 계획을 세웠으면 반드시 실천하겠다는, <u>그런</u> 용기가 필요하다.(← 계획을 세웠으면 반드시 <u>실천하겠다는 용기가</u> 필요하다.)

④ 한국의 반도체 산업이 일본의 그것에 비해 경쟁력이 강하다.(← 한국의 반도체 산업이 <u>일본에 비해</u> 경쟁력이 강하다.)

⑤ 만약 내가 그런 상황에 놓인다면 나는 전자보다 후자를 택할 것이다.(← 만약 내가 그런 상황에 놓인다면 나는 진학보다 취업을 택할 것이다.)

⑥ 교육에 기여한 바가 크므로, 이에 감사패를 드립니다.(← 교육에 기여한 바가 크므로 감사패를 드립니다.)

⑦ 도시 교통은 세 가지 문제점을 안고 있는데, 소통난, 승차난, 주차난이 바로 그것이다.(← 도시 교통은 소통난, 승차난, 주차난의 세 가지 문제점을 안고 있다.)

⑧ 처음에는 당황을 해서 이리로 가야 하나, 저리로 가야 하나 우왕좌왕했다.(← 처음에는 당황을 해서 학교로 가야 하나, 집으로 가야 하나 우왕좌왕했다.)

⑨ 그는 그가 그녀를 짝사랑한다는 사실에 놀랐다.(← 철수는 영철이가 순희를 짝사랑한다는 사실에 놀랐다.)

07

접미사를 줄여라

(1) 복수 접미사 '-들'

우리가 평소 접하는 문장 중에는 문장 속에 이미 복수라는 것이 표현되어 있는데도 복수 접미사인 '-들'을 붙여 쓰는 경우를 심심치 않게 찾아볼 수 있다. 복수라고 해서 무조건 '-들'을 붙이는 것은 영어의 영향이 크다. 앞뒤의 내용을 보아 복수임을 알 수 있다면 과감히 없애자.

【예문】

① 우리가 사는 뒷골목에는 술집들이 늘어서 있다.(← 술집이)

② 우리 주변에는 무서운 사건들이 많이 벌어지고 있다.(← 사건이)

③ 컴퓨터에는 수많은 프로그램들이 있다.(← 프로그램이)

④ 정부는 이들 시민 단체가 하는 일에 간섭해서는 안 된다.(← 이)

⑤ 여러 정황들로 미루어 볼 때 그가 범인인 것이 확실해.(← 여러 정황으로)

⑥ 박목월의 작품들에는 우리네 정서들이 많이 담겨 있다.(← 작품에는 우리네 정서가 많이 담겨 있다.)

(2) 한자어 접미사

한자어 접미사 ~적(的), ~성(性), ~화(化)는 모두 추상(抽象)을 나타내는 접미사로, 문장에서 굳이 쓸 필요가 없는데도 일상적으로 쓰는 예가 많다. 이러한 한자어 접미사만 없애도 문장을 훨씬 간결하게 만들 수 있다.

【예문】

① 우리가 우선적으로 해결해야 할 것은 ~(← 우선 해결해야)

② 역사적, 문화적으로 보아~(← 역사, 문화로 보아)

③ 그 다음이 경제적 환경 조성이다.(← ~ 경제 환경 조성)

④ 심적 부담이 크다.(← ~ 마음에)

⑤ 이번 연구 개발은 국가적 차원에서 논의되어야~(← ~ 국가 차원)

⑥ 발전이 가속화되고 있다.(← ~ 가속화하고)

⑦ 이 자동차는 경제성이 높다.(← 경제적이다.)

⑧ ~ 의욕적으로 추진하고 있다.(← 의욕 있게)

⑨ 일이 예상 밖에 복잡화되고 있다.(← 복잡해지고)

불필요한 관형격 조사를 없애라

　관형격 조사 '의'는 체언 뒤에 붙어 앞 체언이 관형사 구실을 하며, 뒤 체언이 나타내는 대상이 앞 체언에 소속된다는 것을 나타내기도 한다. 또한 앞 체언이 뒤 체언에 나타내는 행동이나 작용의 주체임을 나타내거나 앞 체언이 뒤 체언의 과정이나 목표 따위의 대상임을 나타내기도 한다.

　관형격 조사 '~의'는 일본식 표현에 영향을 받은 것으로, 오랜 세월을 거치면서 우리말에 스며들어 무분별하게 사용되는 경향을 띠고 있다. 우리말에서는 '~의'가 없어도 뜻이 통하는 경우가 많으므로 가능한 한 사용하지 않는 것이 바람직하다.

　'의'를 줄이기 위해서는 첫째, 의도적으로 '의'를 사용하지 않기 위해 노력하고, 둘째, '의' 대신 다른 조사로 바꿔 사용하며, 셋째, '의'를 빼고 구체적으로 서술하는 습관을 가져야 한다.

【예문】

① 일부의 학생들은 국영수 중심의 공부만 한다.(← 일부 학생들은 국영수 중심으로만 공부한다.)

② 이번 시간에는 유한회사의 설립의 요건에 대해 알아보겠습니다.(← 유한회사의 설립 요건)

③ 이번 한국방송의 프로그램의 개편의 단행을 보고(← 이번 한국 방송이 단행한 프로그램 개편을 보고)

④ 그는 학생들의 가치관의 형성에 많은 영향을 미쳤다.(← 그는 학생들이 가치관을 형성하는 데에 많은 영향을 미쳤다.)

⑤ 영화감독의 창작 활동의 여건이 많이 나빠졌다.(← 영화감독이 창작 활동을 할 수 있는 여건이 많이 나빠졌다.)

⑥ 성폭력은 우리 사회의 심각한 문제 중의 하나이다.(← 성폭력은 우리 사회의 심각한 문제이다.)

⑦ 10년 뒤의 출판업계의 상황에 대해 전망해 보겠습니다.(← 10년 뒤 출판계 상황을 전망해보겠습니다.)

'것이다'를 줄여라

'것이다'는 의존 명사인 '것'과 서술격 조사 '이다'가 합쳐진 말로, 문장 성분으로는 '서술어'에 해당한다. '것'이라는 의존 명사는 한 문장에서 '관형어'의 꾸밈을 받아 '동물' 또는 '사물'을 이르기도 하고, '사람'을 낮추어 부르기도 하며, '소유' 또는 일, 현상 따위를 추상적으로 이르기도 한다.

우리 주변에는 '것이다'를 습관적으로 사용하는 사람이 많다. 이 말이 포함되면 글에 무게가 실리거나 강조를 할 수 있다고 생각한다. 하지만 '것이다'는 문장의 흐름을 방해하고, 논지를 불명확하게 할 뿐만 아니라 짧고 간결한 문장을 구성하는 데에도 걸림돌이 된다.

'것이다'는 주로 학자의 글이나 신문 기사에서 많이 나타난다. 평소 '것이다'를 사용하지 않으려는 노력을 기울이면 세련된 문장을 만드는 데 많은 도움이 된다.

【예문】

① 무조건 억제만 할 것이 아니라 비용을 부담하도록 하는 것이 합리적이라는 것이다.(← 무조건 억제하지 말고 비용을 부담하도록 해야 합리적이다.)

② 다른 지역 사람들이 겪었던 경험과는 양적으로, 질적으로 다른 것이 된 것이다.(← 다른 지역 사람들이 겪었던 경험과는 양적이나 질적으로 달랐다.)

③ 이 요리의 특징은 영양이 풍부하다는 것과 혈액 순환에 좋다는 것입니다.(← 이 요리는 영양이 풍부하고 혈액 순환에 좋다는 특징이 있습니다.)

④ 한마디로 기분이 나빴던 것이다.(← 기분이 나빴다.)

⑤ 이번 사건은 대단히 충격적인 것이라 아니 할 수 없다.(← 이번 사건은 매우 충격적이다.)

다음 예제를 재구성해 보자.

【예제】

① 내 말은 너에게 심각한 문제점이 있다는 것이다.

② 두 팀은 한 마디로 경쟁이 붙은 것이었다.

③ 다시는 도둑질과 같은 어리석은 짓을 안 할 것이다.

④ 이번 시험을 잘 보려면 더 많은 문제를 풀고, 더 많은 내용을 외워야 할 것이다.

⑤ 평소 청결하지 않다는 것은 게으르다는 것을 뜻하는 것이다.

⑥ 이번 만큼은 다를 것이다.

⑦ 제가 먼저 갈 것입니다.

⑧ 날씨가 풀리면 공사를 할 것이다.

⑨ 나는 내일 친구와 함께 도서관에 갈 것이다.

⑩ 그의 병세도 점차 나아질 것이다.

⑪ 행복은 전염되는 것이다.

⑫ 그곳으로 반드시 돌아가고 말 것이다.

⑬ 나는 너를 응원할 것이다.

⑭ 올 겨울 날씨는 추울 것이다.

⑮ 후회는 아무리 빨라도 늦은 것이다.

【수정 예】① 나는 네게 심각한 문제점이 있다고 생각한다. ② 두 팀은 경쟁이 붙었다. ③ 다시는 도둑질을 안 한다. ④ 이번 시험을 잘 보려면 더 많은 문제를 풀고, 더 많은 내용을 외워야 한다. ⑤ 평소 청결하지 않다는 것은 게으르다는 것을 의미한다. ⑥ 이번 만큼은 다르다. ⑦ 제가 먼저 가겠습니다. ⑧ 날씨가 풀리면 공사를 할 예정이다. ⑨ 나는 내일 친구와 함께 도서관에 갈 예정이다. ⑩ 그의 병세가 점차 나아지리라 생각한다. ⑪ 행복은 전염된다. ⑫ 그곳으로 반드시 돌아간다. ⑬ 나는 너를 응원한다. ⑭ 올 겨울 날씨는 춥다고 한다. ⑮ 후회는 아무리 빨라도 늦다.

명사문을 피하라

우리말은 서술어의 품사를 기준으로 문장을 분류할 때 동사문, 형용사문, 명사문으로 나뉜다.

① 영희가 간다.(동사문)
② 바다가 푸르다.(형용사문)
③ 형준이는 남학생이다.(명사문)

우리말은 첨가어이기 때문에 명사문보다 동사문과 형용사문이 더 풍부한 편이다. 명사문은 명사에 서술격 조사 '이다'가 이어진 문장을 말하는데, 문장이 이렇듯 '-이다'로 끝나면 주체가 분명히 드러나지 않고, 전달력이 떨어진다. 따라서 명사문은 서술어가 반드시 필요한지를 먼저 따져 본 후에 가능한 한 동사문이나 형용사문으로 고치는 것이 좋다.

예를 들어 보자.

【예문】

① 도망은 <u>죽음</u>이다.(← <u>도망가면 죽는다.</u>)

② 우리나라에서 유명한 것은 <u>불국사</u>이다.(← <u>불국사는 우리나라에서 가장 유명하다.</u>)

③ 누구도 그분만큼 오랫동안 명성을 유지하지 못했다는 <u>얘기</u>다.(← <u>누구도 그분만큼 오랫동안 명성을 유지하지 못했다.</u>)

다음 명사문을 동사문이나 형용사문으로 고쳐 보자.

【예제】

① 이번 사건으로 교육 현장이 혼란의 소용돌이에 휩싸일 수도 있다는 분석이다.

② 가격이 오름에도 불구하고 사람들이 그 물건을 계속 찾고 있다.

③ 얼굴을 마주대고 이야기하는 것보다 전자 우편으로 보내는 것이 낫겠다는 생각이다.

④ 정치인들이 자기 당의 이익에만 치중하고 있다는 생각이다.

⑤ 내 마음은 호수다. 내 마음은 호수같이 맑다.

【수정 예】 ① 이번 사건으로 교육 현장이 혼란의 소용돌이에 휩싸일 수도 있다는 <u>분석이 나왔다.</u> ② 가격이 <u>올랐는데도</u> 사람들이 그 물건을 계속 찾고 있다. ③ 얼굴을 마주대고 이야기하는 것보다 전자 우편으로 보내는 것이 <u>낫다고 생각한다.</u> ④ 정치인들이 자기 당의 이익에만 <u>치중하고 있다.</u> ⑤ <u>내 마음은 호수같이 맑다.</u> ⑥ 미음이라도 먹을 수 <u>있어서</u> 다행<u>이라고 생각한다.</u> ⑦ 이 회사의 운명이 앞으로 4~5년 안에 <u>결정될 처지에 놓여 있다.</u> ⑧ 우리 현실을 생각하면 이 문제는 더 이상 <u>남의 얘기가 아니다.</u> ⑨ 이 <u>단체가</u> 마권을 이용하여 시민들의 사행심을 <u>부추기고 있다고 한다.</u>

⑥ 미음이라도 먹을 수 있으니 그나마 다행이다.

⑦ 이 회사들의 운명이 앞으로 4~5년 안에 결정될 처지다.

⑧ 우리 현실을 생각하면 이 문제는 더 이상 남의 얘기일 수 없음이다.

⑨ 이 단체는 마권을 이용하여 시민들의 사행심을 부추기고 있다는 여론이다.

관형절을 줄여라

우리말에서는 관형어가 다음 말을 수식하더라도 대체로 짧은 관형절을 관형어로 이용하는 경향이 강하다. 영어의 경우, 작은 문장을 묶어 겹문장을 만들 때 관형절이 많이 섞이면서 수식과 피수식 관계가 복잡해진다. 우리말은 이러한 영어의 영향을 받아 문장에 관형절을 많이 넣는 사례가 많이 발견된다.

따라서 문장을 간결하게 만들기 위해서는 문장을 가능한 한 짧게 끊어서 구성하는 것이 좋다. 짧은 문장을 묶어 긴 문장을 만들 때는 관형사형 어미보다 연결 어미를 붙여 일어난 상황을 순서대로 서술한다. 또한, 관형어를 없앨 때는 관형어를 피수식어 뒤로 보내 부사어, 서술어로 바꾸는 것이 좋다.

【예문】

① 내 가슴에 아직 많은 사랑이 남았습니다.(← 내 가슴에 아직 사랑이 많이 남아 있습니다.)

② 자기 이익만을 추구하는 극단적인 이기주의에 빠져 있다.(← 자기 이익만을 추구하기 위한 극단적인 이기주의에 빠져 있다.)

③ 고객 여러분께 실망과 걱정을 끼쳐드린 데 대한 용서를 구하고자 합니다.
 (← 고객 여러분께 실망과 걱정을 끼쳐드려 죄송합니다.)

다음 문장을 고쳐 보자.

【예제】

① 증인으로 채택되면 정치 생명에 적지 않은 타격을 받는다.

② 뭘 먹은 사실을 기억하지 못하는 애를 혼내면 뭐해?

③ 남녀 차별로 인한 피해를 받지 않으려면 서로 노력을 해야 한다.

④ 오늘도 건강한 하루 되시기 바랍니다.

⑤ 즐거운 주말 보내십시오.

【수정 예】 ① 증인으로 채택되면 정치 생명에 적지 않게 타격을 받는다. ② 애가 뭘 먹었는지 기억하지 못하는 데 혼내면 뭐해? ③ 남녀 차별로 피해를 받지 않으려면 서로 노력을 해야 한다. ④ 오늘 하루도 건강하시기 바랍니다. ⑤ 주말을 즐겁게 보내십시오.

PART 02

제대로 고쳐라

RIGHT

"한 번 읽었을 때 끌리는 글이 잘 쓴 글이다."
– 낸시 소머스

01

능동형(사동형)으로 고쳐라

피동형은 가급적 능동형(사동형)으로 고쳐 써야 한다. 그 이유는 간단하다. 주체가 누구인지 알 수 없기 때문이다. 주체를 알 수 없게 되면 읽는이가 핵심을 놓치게 되고, 설득력도 떨어진다. 내용의 핵심에 다가가는 것이 아니라 자꾸 회피하려는 인상을 준다. 피동형은 긴 문장을 만드는 주요 요인일 뿐만 아니라 문장의 질을 떨어뜨리는 데에도 한몫을 한다. 피동문을 사용하는 이유는 다음과 같다.

① 행위의 주체를 감추어서 표현하려고 할 때
   예 할머니의 말씀이 잘 안 들렸다.(잘 안 들리는 것은 내 탓이 아니다.)

② 자신의 의견을 객관적으로 전달하려고 하거나 발언의 책임을 회피하기 위해
   예 인도가 최근의 가뭄으로 최악의 물 부족 사태를 겪을 것으로 보입니다.

③ 주어가 당하는 상황을 강조하기 위해
   예 아이가 버스에 치였다.

다음을 읽고, 사동과 피동을 구분해 보자.

【예제 1】

① 그녀의 손길은 얼어붙은 나의 마음을 녹여 주었다.

② 어제 금은방에 든 도둑이 경찰에게 잡혔다.

③ 온 산이 안개에 싸여 있다.

④ 이렇게 맑은 날에는 산이 잘 보인다.

⑤ 어머니께서 감기에 걸려 보채는 아이에게 약을 먹이셨다.

⑥ 그가 눈을 녹인다.

⑦ 선생은 일본 경찰에게 잡혀갔다.

⑧ 넓은 들판이 눈에 의해 덮여졌다.

⑨ 경찰 아저씨가 나에게 책을 보였다.

⑩ 토끼가 사냥꾼에게 잡히었다.

⑪ 나는 아이에게 책을 읽혔다.

⑫ 오랫동안 남아 있던 오해가 풀려졌다.

【예제 1 답】① 그녀의 손길은 얼어붙은 나의 마음을 녹여 주었다.(사동) ② 어제 금은방에 든 도둑이 경찰에게 잡혔다.(피동) ③ 온 산이 안개에 싸여 있다.(피동) ④ 이렇게 맑은 날에는 산이 잘 보인다.(피동) ⑤ 어머니께서 감기에 걸려 보채는 아이에게 약을 먹이셨다.(사동) ⑥ 그가 눈을 녹인다.(사동) ⑦ 선생은 일본 경찰에게 잡혀갔다.(피동) ⑧ 넓은 들판이 눈에 의해 덮여졌다.(피동) ⑨ 경찰 아저씨가 나에게 책을 보였다.(사동) ⑩ 토끼가 사냥꾼에게 잡히었다.(피동) ⑪ 나는 그에게 책을 읽혔다.(사동) ⑫ 드디어 오해가 풀려졌다.(피동)

다음 피동 표현을 능동 또는 사동 표현으로 바꿔 보자.

【예제 2】

① 쥐가 고양이에게 잡혔다.

② 그는 동네 사람들에 의해 살인범으로 지목되었다.

③ 영희가 철수에게 붙잡혔다.

④ 사자가 악어에게 물렸다.

⑤ 문이 동생에 의해 쾅 닫혔다.

⑥ 영희가 철수에게 꼬집혔다.

⑦ 철수가 옆집 개에게 물렸다.

다음 '이중 피동'을 능동이나 사동 표현으로 바꿔 보자.

【예제 3】

① 비행기가 함포 사격을 받고 파괴되어졌다.

② 철수는 그녀의 갑작스러운 죽음이 믿겨지지 않았다.

③ 6·25 전쟁으로 다리가 끊겨졌다.

【예제 2 답】① 고양이가 쥐를 잡았다. ② 동네 사람들은 그를 살인범으로 지목했다. ③ 철수가 영희를 붙잡았다. ④ 악어가 사자를 물었다. ⑤ 동생이 문을 쾅 닫았다. ⑥ 철수가 영희를 꼬집었다. ⑦ 옆집 개가 철수를 물었다.

④ 이번 사건으로 평생 간직했던 그의 꿈이 꺾여졌다.

⑤ 성금은 불우이웃들에게 유용하게 쓰여질 것으로 보여진다.

【예제 3 답】① 비행기가 함포 사격을 받고 파괴되었다. ② 철수는 그녀의 갑작스러운 죽음이 믿어지지 않았다. ③ 6·25 전쟁으로 다리가 끊어졌다. ④ 이번 사건으로 평생 간직했던 그의 꿈이 꺾어졌다. ⑤ 성금은 불우 이웃들에게 유용하게 쓰일 것으로 보인다.

교정·교열자를 위한 팁

능동(형), 사동(형)과 피동(형)

능동(문), 피동(문), 주동(문), 사동(문)의 차이를 표로 정리하면 다음과 같다.

종류	설명
능동문	문장 속에서 주어가 스스로 주체가 되어 어떤 동작을 수행하는 것
피동문	어떤 동작을 당하는 것
주동문	문장 속에서 어떤 동작을 주어가 직접 행하는 것
사동문	다른 사람에게 시키는 것

이러한 차이를 만드는 동사에는 능동사, 피동사, 주동사, 사동사가 있다. 이 중에서 피동사와 사동사는 다음과 같은 세 가지 유형이 있다.

종류	설명
어휘적 피동/사동	피동이나 사동 접미사가 붙어 만들어진 것은 아니지만, 그 자체의 의미가 피동이나 사동인 동사 • 어휘적 피동 : 당하다(어떠한 피해를 입다.), 되다(어떤 사물이 생겨나거나 이루어지다) • 어휘적 사동 : 명령하다(어떠한 일이나 행동을 하라고 지시하다), 시키다(남에게 어떠한 일을 시키다)
파생적 피동/사동	피동, 사동 접미사를 붙여 만듦. • 파생적 피동 : 접미사인 -이, -히, -리, -기를 붙여 만듦. • 파생적 사동 : 접미사인 -이, -히, -리, -기, -우, -구, -추, -애, -으키, -아키를 붙여 만듦.
통사적 피동/사동	의미, 문장론적인 차원에서 피동이나 사동으로 인식되는 것 • 통사적 피동 : -어지다 • 통사적 사동 : -게 하다

교정·교열자를 위한 팁

피동과 사동의 지나친 표현 사례

1. 지나친 피동 표현

① 피동형+어지다
- 당신이 이렇게 험한 곳에서 생활한다는 것이 믿겨지지 않는구려.
- 북극의 얼음이 녹는 것은 환경의 변화 때문이라고 보여진다.
- 철수는 우리 동네에서 대장이라고 불리어진다.
- 어제 수업 시간에 선생님이 내 주신 수학 문제는 난해해서 잘 풀려지지 않는다.

② 이중 피동
- 천 만년 전의 화석이라고 생각되어진다.
- 적어도 융통성 없는 사람이 되어지지는 말아야지.

③ 어휘를 잘못 사용한 경우
- 이번 경기는 B팀이 우세하지 않나 보아지는군요.

④ '되다'가 반복되는 경우
- 정 씨는 이와 똑같은 실수가 반복돼 결국 해고됐다.

2. 지나친 사동 표현

① 사동의 의미가 없는 데도 사동 접사를 사용하는 경우
- 잠시 후면 첫사랑을 만날 수 있다는 사실에 가슴을 설레이며 기다렸다.

② '-하다'를 쓸 수 있는데도 '-시키다'를 사용하는 경우
- 철수는 매달 독거노인 후원금을 후원기관 통장에 입금시킨다. (← 입금한다.)
- 이러한 상황을 야기시킨 원인은 무엇일까? (← 야기한)
- 내가 조만간 여자 친구를 소개시켜 줄게. (← 소개해)

번역투를 고쳐라

　번역투 또한 문장을 제대로 쓰는 데에 방해가 되는 요소이다. 우리말에 번역투를 사용하게 된 이유는 외국어(영어, 일본어 등)를 직역하는 과정에서 해당 외국어만의 독특한 문법 체계가 반영되고, 이것이 오랜 세월을 거치면서 우리말에 고착하였기 때문이다. 우리가 사용하는 문장 중에는 영어, 일본어의 흔적을 곳곳에서 찾아볼 수 있다. 문장에서 번역투를 없애면 문장을 더욱 세련되게 만들 수 있다.

(1) 영어 번역투 고치기

　다음은 영어 번역투의 사례를 정리한 것이다. 문장을 읽고, 영어 번역투라고 생각하는 곳에 밑줄을 그어 보자.

> 【예문】
>
> ① 많은 학생들의 요청에 의하여 야외 수업을 하기로 했다.
>
> ② 그는 몸이 피곤함에도 불구하고 외국 출장길에 올랐다.

③ 오늘 오후 신문사 기자들과 만남을 가졌다.

④ 그 사람은 부서 직원들로부터 철저히 배제되었다.

⑤ 우리는 지금 그들의 깊은 반성을 필요로 합니다.

【예문 설명】

①은 영어의 by를 그대로 직역한 문장이므로 "많은 학생들의 요청으로 야외 수업을 하기로 했다."로 고치는 것이 좋다. ② '~에 불구하고'는 'in spite of~'를 직역한 것이므로 "그는 몸이 피곤한데도 외국 출장을 떠났다."로 고치는 것이 좋다. ③ '~ 가졌다.'는 'have'의 영향을 받은 것이므로 "오늘 오후 신문사 기자들과 만났다."라고 고치는 것이 좋다. ④ '~로부터'는 'free from~'의 영향을 받은 것이므로 "그 사람은 부서 직원들에게 철저히 배제되었다."로 고치는 것이 좋다. ⑤ '~ 필요로 합니다'는 need의 영향을 받은 것이므로 "우리는 지금 그들의 깊은 반성을 요구합니다."로 고치는 것이 좋다.

다음 문장을 올바르게 바꿔 보자.

【예제】

① 나는 슬하에 아이 셋을 가지고 있다.

② 그것은 사회 통합을 저해하는 행동 중 하나이다.

③ 건강이 중요하다는 것은 아무리 강조해도 지나치지 않다.

④ 대통령은 오늘 오전 각 기업 대표들과 오찬 간담회를 가졌다.

⑤ 오늘 일어난 사건은 이제까지의 방법으로는 해결하기 힘들다고 생각되어집니다.

⑥ 어떤 사람의 행동에는 나름대로 이유가 있음을 깨달았습니다.

⑦ 오늘 주주총회에서 다루어질 안건은 모두 세 가지입니다.

⑧ 그는 고혈압에 의해 쓰러졌다.

⑨ 박목월의 시는 많은 사람에게 읽혀진다.

⑩ 철수는 건강해지기 위해 운동을 시작했다.

⑪ 핵이 있는 한 어떠한 위험으로부터도 자유로울 수 없다.

⑫ 비가 옴에도 불구하고 밖으로 나갔다.

⑬ 나는 이번 시험이 무척 기대된다.

⑭ 자녀의 심리를 통해 부모가 가진 생각을 알 수 있다.

⑮ 대법원은 그에 대해 무기징역을 선고하였다.

⑯ 우리 회사는 경기도에 위치하고 있습니다.

【수정 예】 ① 나는 아이가 <u>세 명이다</u>. ② 그것은 사회 통합을 저해하는 행동 <u>가운데 하나이다</u>. ③ 건강은 <u>매우 중요하다</u>. ④ 대통령은 오늘 오전 각 기업 대표들과 오찬 간담회를 <u>했다</u>. ⑤ 오늘 일어난 사건은 이제까지의 방법으로는 <u>해결할 수 없습니다</u>. ⑥ 어떤 사람의 행동에는 나름대로 이유가 <u>있다는 것을</u> 깨달았습니다. ⑦ 오늘 주주총회에서 다룰 안건은 <u>세 가지입니다</u>. ⑧ 그는 <u>고혈압으로</u> 쓰러졌다. ⑨ 박목월의 시는 많은 <u>사람이 읽는다</u>. ⑩ 철수는 <u>건강하려고</u> 운동을 시작했다. ⑪ 핵이 있는 한 <u>누구도 안전할 수 없다</u>. ⑫ 비가 <u>오는 데도</u> 밖으로 나갔다. ⑬ 나는 이번 <u>시험을 잘 볼 것이라고 생각한다</u>. ⑭ 자녀의 <u>심리로 부모의 생각을</u> 알 수 있다. ⑮ 대법원은 <u>그에게</u> 무기징역을 선고하였다. ⑯ 우리 회사는 경기도에 <u>있습니다</u>. ⑰ 아파트 <u>개발에</u> 문제점이 많다. ⑱ 이번 사건의 수사는 <u>성역 없이</u> 이루어져야 한다. ⑲ <u>그 꼴로</u> 무엇을 어떻게 하겠다는 거야? ⑳ 우리 사회의 <u>안전 불감증으로</u> 대형 사고가 <u>우려됩니다</u>.

⑰ 아파트 개발에 관한 문제점이 많다.

⑱ 이번 사건은 성역 없는 수사가 이루어져야 한다.

⑲ 그 꼴을 해 가지고 무엇을 어떻게 하겠다는 거야?

⑳ 우리 사회의 안전 불감증으로 인해 대형 사고가 우려되고 있습니다.

(2) 일본어 번역투 고치기

다음은 일본어 번역투의 사례를 정리한 것이다. 문장을 읽고 일본어 번역투라고 생각하는 곳에 밑줄을 그어 보자.

【예문】

① 보다 효과적인 방법을 찾아보아라.

② 우월감은 열등감에 다름 아니다.

③ 그 보석은 훔친 물건임에 틀림없다.

④ 공부는 집중을 요한다.

⑤ 주민 여러분의 많은 협조 있으시기 바랍니다.

【예문 설명】

①에서 '~보다'는 일본어 より를 번역한 표현이므로 "더 효과적인 방법을 찾아보아라."라고 고치는 것이 좋다. ②에서 '~다름 아니다'는 일본어 'にほかならない'를 직역한 표현이므로 우리말 표현인 '~와(과) 다름없다, ~에 불과하다'로 고치는 것이 좋다. ③에서 '~틀림없다.'는 일본어 조사 'に(에)'

를 직역한 표현이므로 우리말 표현인 '~이 틀림없다', '~이다'로 고치는 것이 좋다. ④에서 '~있으시기 바란다'는 일본어 'ありたくおねがいます'를 직역한 표현이므로 우리말 표현인 '~해 주시기 바랍니다'로 고치는 것이 좋다.

다음 예제를 올바르게 바꿔 보자.

【예제】

① 평소 사고 싶은 물건이 있었는데 결국 사 버렸어.

② 우리는 그 일을 하지 않으면 안 돼.

③ 너라는 인간은 구제불능이야.

④ 우리 조상들의 독립에의 열망은 대단한 것이었다.

⑤ 공공장소에서는 떠들거나 하면 안 돼.

⑥ 그는 찬성파다.

⑦ 나의 살던 고향은 꽃피는 산골

⑧ 사랑하면 안 되는 사람을 사랑해 버렸어.

⑨ 우리는 평화를 요한다.

⑩ 퇴색한 진보는 보수와 다름 아니다.

【수정 예】 ① 평소 사고 싶은 물건이 있었는데 결국 샀어. ② 우리는 그 일을 해야만 해. ③ 너는 구제불능이야. ④ 우리 조상의 독립하고자 하는 열망은 대단한 것이었다. ⑤ 공공장소에서는 떠들면 안 돼. ⑥ 그는 찬성하는 쪽이다. ⑦ 내가 살던 고향은 꽃피는 산골 ⑧ 사랑하면 안 되는 사람을 사랑하게 되었어. ⑨ 우리는 평화가 필요하다. ⑩ 퇴색한 진보는 보수와 다르지 않다.

쉬운 말로 바꿔라

　우리말에서 한자어가 차지하는 비중이 무려 70%나 된다고 한다. 한자어도 우리말의 일부이기 때문에 결코 소홀히 할 수는 없지만, 한자말을 지나치게 사용하면 의미가 제대로 전달되지 못한다. 따라서 한자어는 가능한 한 순우리말이나 쉬운 말로 바꿔 쓰는 것이 좋다.

【예문】

① 공장장은 유해 가스 누출에 대한 사실에 대해 <u>언급을 회피했다.</u>(← <u>말하려 하지 않았다.</u>)

② 이번에도 시행착오를 반복할 것이다.(← <u>같은 잘못을 거듭할 것이다.</u>)

③ 김 대리는 이번 <u>승진 인사에서 배제될 가능성이 높다.</u>(← <u>승진이 되지 않을 것이다.</u>)

④ <u>숙면을 취하는 것이</u> 건강에 좋다.(← <u>잠을 깊게 자는 것이</u>)

⑤ 그렇게 용기 있는 사람은 <u>전무하다.</u>(← <u>과거에 없었다.</u>)

다음 예제를 올바르게 바꿔 보자.

【예제】

① 건전한 비판을 폄훼해서는 안 된다.

② 그 남자는 그 여자와 오랜만에 조우하였다.

③ 우리나라는 선진국으로 진입하는 중차대한 시기를 맞이하고 있다.

④ 남북 이산가족은 반세기만에 극적으로 해후했다.

⑤ 이번 방학 때는 수학 실력 향상에 박차를 가해야 한다.

⑥ 한국은 최근 들어 전성기를 구가하고 있다.

⑦ 두 사람의 키는 대동소이하다.

⑧ 단도직입적으로 말해서 우리는 전쟁에서 승리했다.

⑨ 그는 확고부동한 자세를 견지했다.

⑩ 우리나라가 이룬 성과는 세계적으로 전무후무하다.

【수정 예】 ① 건전한 비판을 <u>깎아내려서는</u> 안 된다. /② 그 남자는 그 여자와 오랜만에 <u>만났다</u>. /③ 우리나라는 선진국으로 진입하는 <u>중요한</u> 시기를 맞이하고 있다. /④ 남북 이산가족은 반세기만에 극적으로 <u>만났다</u>. / ⑤ 이번 방학 때는 수학 실력 향상을 위해 <u>힘써야</u> 한다. /⑥ 한국은 최근 들어 전성기를 <u>누리고</u> 있다. /⑦ 두 사람의 키는 <u>비슷하다</u>. /⑧ <u>한마디로</u> 우리는 전쟁에서 승리했다. /⑨ 그는 <u>꿋꿋한 자세를 유지했다</u>. /⑩ 우리나라가 이룬 성과는 세계적으로 <u>찾아볼 수 없다</u>.

명사절을 없애라

우리말은 용언의 끝이 다양하게 활용된다는 특징이 있다. 하지만 우리 주변에서는 홑문장의 끝에 '~기', '~ㅁ'을 붙여 억지로 명사형을 만드는 사례를 많이 찾아볼 수 있다. 이와 같이 용언의 끝을 명사절로 바꾸면 말뜻을 제대로 전달할 수 없다. 다음은 '입다'를 예로 든 것이다. 다음 예를 보면 우리 일상생활에서 명사형이 얼마나 많이 사용되는지 실감할 수 있을 것이다.

① 입어서-입음으로 인하여
② 입으니까-입음에 의해
③ 입는다해서-입음을 이유로
④ 입는다해도-입음을 가정하고
⑤ 입으면-입음을 전제로
⑥ 입으려고-입기 위해서
⑦ 입어도-입음에도 불구하고
⑧ 입자마자-입음과 동시에
⑨ 입는다손치더라도-입음을 조건으로

【예문】

① 그대가 <u>있음에</u> 행복하다.(← <u>있어서</u>)

② 무허가 <u>건물임이</u> 밝혀져 철거 명령이 내려졌다.(← <u>건물로</u>)

③ 아르바이트를 <u>계속함으로써</u> 졸업이 가능했다.(← <u>계속하여</u>)

④ 집값이 <u>올랐음에도</u> 불구하고 집을 사려는 사람이 늘고 있다.(← <u>올랐는데도</u>)

⑤ 증거를 찾지 <u>못했음을</u> 인정했다.(← <u>못했다고</u>)

다음 문장을 바꿔 보자.

【예제】

① 다른 사람에게 감동을 주기보다는 흥미만 끌려고 한다.

② 그럼에도 불구하고 이 어려움을 극복하지 않으면 안 된다.

③ 서두르기보다는 좀 더 여유를 가지고 기다려라.

④ 네가 내 곁에 있음에 감사해.

⑤ 저축을 함으로써 미래에 투자하라.

⑥ 전세 계약과 동시에 전입 신고를 해야 한다.

⑦ 돈을 벌기 위해서 일자리를 찾고 있습니다.

【수정 예】 ① 다른 사람에게 감동을 <u>주는 것이 아니라</u> 흥미만 끌려고 한다./② <u>그런데도</u> 이 어려움을 극복하지 않으면 안 된다./③ <u>서두르지 말고</u> 좀 더 여유를 가지고 기다려라./④ 네가 내 곁에 <u>있어서</u> 감사해./⑤ 저축을 <u>하여</u> 미래에 투자하라./⑥ 전세 계약<u>을 하자마자</u> 전입 신고를 해야 한다./⑦ 돈을 <u>벌려고</u> 일자리를 찾고 있습니다.

조사를 바르게 고쳐라

조사(助詞)는 체언, 부사, 어미 따위에 붙어 그 말의 뜻을 명확하게 해 주는 역할을 한다. 따라서 조사가 하나라도 잘못 쓰이면 엉뚱한 문장이 되기 쉽다. 조사에 유의하면서 다음 문장을 구별해 보자.

① 그는 운동을 잘한다.
② 그는 운동도 잘한다.
③ 그는 운동은 잘한다.
④ 그는 운동만 잘한다.
⑤ 그는 운동조차 잘한다.
⑥ 그는 운동마저 잘한다.
⑦ 그는 운동까지 잘한다.

문장 ①은 단순히 운동을 잘하는 것을 말한다. 그런데 ②는 '다른 것도 잘하지만 운동도 잘한다'는 의미이다. ③은 '다른 것은 못하지만 운동은 잘한다'라는 의미이다. ④는 '다른 것은 못하지만 유일하게 운동만 잘한다'는 의미이다. ⑤, ⑥, ⑦은 '다른 것도 잘하지만 심지어 운동도 잘한다'라는 의미이다.

이렇듯 조사의 쓰임이 어떠하냐에 따라 문장의 의미가 달라진다. 자연스러운 문맥이 되려면 조사를 제대로 사용해야 한다.

다음 중에서 조사가 잘못된 부분을 찾아 바르게 고쳐 보자.

【예제】

① 철수는 운동을 잘하지만 리더십도 뛰어나다.

② 내 아들이 형준이고, 열 세 살이다.

③ 7년 동안 사귄 여자 친구와 헤어진다는 것은 생각할 수 없는 일이다.

④ 우리나라가 일본에 당한 피해는 이루 말로 설명할 수 없다.

⑤ 정부 부처 사이에 많은 이견이 있었다.

⑥ 지방에서 올라온 농민들이 국회의사당 앞에서 모여 항의를 하고 있다.

⑦ 그녀가 피해자 이 씨로부터 받은 돈으로 구입한 것으로 알려진 호화 주택의 가격은 10억 원이다.

⑧ 칠남매 중 막내도 장가를 보내고 나니 마음이 허전하다.

⑨ 그는 말을 하지 못할 뿐만 아니라 글을 쓰지 못한다.

⑩ 나는 경기도에 산다.

⑪ 구청이 독촉장을 보냈다.

⑫ 집에 오자마자 두고 온 물건이 생각나 학교로 갔어.

⑬ 우리나라의 문학은 중국 문학에 적지 않은 영향을 받았다.

⑭ 우리 학교에 명예를 걸고 열심히 싸우자.

⑮ 인간은 끊임없는 발전을 거듭해온 것은 사실이다.

⑯ 형이 나를 매를 때렸다.

⑰ 사고 차량을 견인을 시작했습니다.

⑱ 옛날 여인들이 혼수감으로 탐을 냈던 물건이다.

⑲ 지난 시즌에 플레이 오픈을 하였다.

⑳ 외부 차량 진입을 금지합니다.

㉑ 나는 밥이 먹고 싶다.

㉒ 약은 약사에게 상의하십시오.

㉓ 나무에게 물을 주었다.

㉔ 지역적인 편견으로부터 벗어나야 한다.

㉕ 도덕면에 있어서 남보다 뛰어난 사람이다.

【수정 예】 ① 철수는 운동도 잘하지만 리더십도 뛰어나다. ② 내 아들의 이름은 형준이고, 나이는 열 세 살이다. ③ 7년 동안 사귄 여자 친구와 헤어진다는 것은 생각조차 할 수 없는 일이다. ④ 우리나라가 일본에게 당한 피해는 이루 말로 설명할 수 없다. ⑤ 정부 부처 사이에서 많은 이견이 있었다. ⑥ 지방에서 올라온 농민들이 국회의사당 앞에 모여 항의를 하고 있다. ⑦ 그녀가 피의자 이 씨에게서 받은 돈으로 구입한 호화 주택의 가격은 10억 원이다. ⑧ 칠남매 중 막내마저 장가를 보내고 나니 마음이 허전하다. ⑨ 그는 말을 하지 못할 뿐만 아니라 글조차 쓰지 못한다. ⑩ 나는 경기도에서 산다. ⑪ 구청에서 독촉장을 보냈다. ⑫ 집에 오자마자 두고 온 물건이 생각나 학교에 갔어. ⑬ 우리나라의 문학은 중국 문학의 적지 않은 영향을 받았다. ⑭ 우리 학교의 명예를 걸고 열심히 싸우자. ⑮ 인간이 끊임없는 발전을 거듭해온 것은 사실이다. ⑯ 형이 나를 매로 때렸다. ⑰ 사고 차량을 견인하기 시작했습니다. ⑱ 옛날 여인들이 혼수감으로 탐내던 물건이다. ⑲ 지난 봄에 경기가 시작되었다. ⑳ 외부 차량은 들어오지 마십시오. ㉑ 나는 밥을 먹고 싶다. ㉒ 약은 약사와 상의하십시오. ㉓ 나무에 물을 주었다. ㉔ 지역적인 편견에서 벗어나야 한다. ㉕ 도덕면에서 남보다 뛰어난 사람이다.

교정·교열자를 위한 팁

조사의 종류

조사는 기능에 따라 격조사, 보조사, 접속 조사로 구분한다.

① 격조사 : 체언에 붙어 다른 말에 대한 관계를 표시한다.
② 보조사 : 어느 한 격이 아니라 문장에 따라 여러 격으로 쓰이는 조사로, 체언에 특수한 의미를 더하는 역할을 한다. 다만, 보조사는 체언뿐만 아니라 부사, 격조사, 연결 어미 다음에도 쓰인다. 격조사와는 달리 앞에 오는 체언의 의미를 한정하는 기능을 한다.
③ 접속 조사 : 명사와 명사를 이어 주는 것으로, 둘 이상의 체언을 같은 자격으로 접속하는 역할을 한다.

■ 조사의 종류

구분	종류	예
격조사	주격 조사	이, 께서, 가, 에서 예 어머니께서 말씀하셨다./이 회사에는 여자가 많다./물고기가 많다.
	서술격 조사	-이다 예 이것은 빵이다./워싱턴은 미국의 수도이다.
	목적격 조사	을, 를 예 누나가 밥을 먹는다./나는 친구를 만났다./너는 남을 배려하는 마음이 부족해.
	보격 조사	이, 가(되다, 아니다의 체언에 붙는) 예 그녀는 검사가 되었다./얼음이 물이 된다.
	관형격 조사	의 예 사람의 마음

	호격 조사	야, 아, 여 예 하늘이시여. /영희야, 놀자.
	부사격 조사	에게, 에게서, 로써, 처럼, 으로 예 나는 그녀에게 호감을 느꼈다. / 나에게 여자 친구가 생겼다.
보조사		는, 은, 만, 도, 부터, 까지, 이나, 조차, 마저, 라도 예 나만 회사원이다./내 동생도 국어를 좋아한다.
접속 조사		와, 과, 하고, 이며, 에다, 이랑, 겸 예 빵하고 우유를 사먹었다./너랑 나랑/부장 겸 팀장

06

문장의 호응에 유념하라

문장의 호응이란 '한 문장 안에서, 어떤 특정한 말 뒤에는 반드시 다른 특정한 말만 오도록 하는 제한적인 쓰임'을 말한다. 즉, 올바른 문장을 만들기 위해서는 어휘와 어구, 어휘와 어휘, 어절과 어절 등이 서로 '짝'을 이루어야 한다는 것이다.

(1) 주어와 서술어의 호응

우리는 종종 주어는 '갑'인데, 서술어는 '을'로 끝나는 문장을 접하는 때가 있다. 왜 이러한 현상이 발생하는 것일까?

첫째, 주어와 서술어의 거리가 멀기 때문이다. 이는 문장의 길고 짧음(長短)과도 밀접한 관계가 있다. 즉, 문장이 길어지다 보니 주어가 무엇이었는지 잊어버리는 것이다. 주어와 서술어의 거리가 짧아야 한다는 것은 바로 이 때문이다.

둘째, 글쓴이가 주의를 기울이지 않았기 때문이다. 글을 쓸 때 주어를 염두에 두고 문장이 끝날 때까지 주의를 기울이지 않으면 머릿속에서 내용이 뒤섞여 용두사미가 되고 마는 것이다.

이러한 실수를 줄이는 데에는 다음 세 가지 방법이 있다.
첫째, 문장을 쓰기 시작할 때 주어를 확실히 정한 다음, 그 주어를 중심으로 서술한다.
둘째, 문장이 길어지면 문장을 한 번 끊어 주어와 서술어를 먼저 일치시킨 후, 다음 문장을 이어 써내려 간다.
셋째, 주어와 서술어만을 따로 떼어 확인해 본다.

다음은 주어와 서술어가 일치하지 않는 사례를 정리한 것이다. 다음 문장을 보고 주어와 서술어를 일치시켜 보자.

【예문】

① 이번 학기 내 목표는 우리 반에서 가장 높은 성적을 올리려고 한다.

② 경찰은 김 씨가 아파트 당첨을 위해 위장 전입을 한 혐의다.

③ 이번 시험에서 성적이 부진한 학생은 오늘 저녁에 실시하는 보충 수업을 시켜야 한다.

④ 경제 전문가들은 해외 환율 하락으로 하반기 수출 전망이 불투명하다는 지적이다.

【예문 설명】

①에서는 '목표는'이라는 주어와 '올리려고 한다'라는 서술어가 일치하지 않는다. 따라서 "이번 학기 내 목표는 우리 반에서 가장 높은 성적을 거두는 것이다."로 고쳐야 한다. ②에서는 주어인 '김 씨가'와 서술어인 '혐의다'가

일치하지 않는다. 따라서 "경찰은 김 씨가 아파트 당첨을 위해 위장 전입을 한 혐의를 잡고 수사 중이다."로 고쳐야 한다. ③에서는 주어인 '학생은'과 서술어인 '시켜야 한다'가 일치하지 않는다. 따라서 "이번 시험에서 성적이 부진한 학생은 오늘 저녁에 실시하는 보충 수업을 받아야 한다."로 고쳐야 한다. ④에서는 주어인 '경제 전문가'와 서술어인 '지적이다'가 일치하지 않는다. 따라서 "경제 전문가들은 해외 환율 하락으로 하반기 수출 전망이 불투명하다고 지적하였다."로 고쳐야 한다.

다음 예제를 올바르게 고쳐 보자.

【예제】

① 가야는 발달된 철제 농기구를 사용하여 농업 생산력이 크게 증대되었다.

② 경기도 쌀은 최고의 품질을 보장합니다.

③ 선진국은 농기계를 이용하여 스스로의 힘이나 가축으로 농사를 지을 때보다 힘을 훨씬 적게 들일 뿐만 아니라 시간 또한 적게 걸린다.

【수정 예】① <u>가야의 농업 생산력은</u> 발달된 철제 농기구에 힘입어 <u>크게 증대되었다.</u> ② <u>경기도에서는</u> 쌀이 최고의 품질임을 <u>보장합니다.</u> ③ <u>선진국에서는 농기계를 이용하기 때문에</u> 스스로의 힘이나 가축으로 농사를 지을 때보다 힘을 훨씬 적게 들일 뿐만 아니라 시간 또한 적게 걸린다. ④ <u>석유는</u> 전 세계적으로 일부 지역에만 <u>매장되어 있다.</u> ⑤ <u>독서를 하는 것은</u> 지식을 습득하여 목표를 달성하는 유일한 방법이다. ⑥ <u>사회의 각 주체들은 석유가 고갈되었을 때를 대비하여야 한다.</u> ⑦ 하루 중 가장 많이 비가 내린 곳은 충남 대전<u>으로, 강우량은</u> 55.4㎜이다. ⑧ 경찰에 따르면 이 씨는 지난 4일 새벽 2시 30분께 구로동 찜질방에 평소 알고 지내던 김 씨와 함께 침입해 현금 100만 원 상당의 금품을 훔쳐 달아난 <u>혐의를 받고 있다.</u> ⑨ <u>미국 블록버스터 영화는 현재까지도</u> 유럽을 석권하는 영화 왕국의 지위를 차지하고 있다. ⑩ 이곳<u>에서는</u> 소변을 보지 마라. ⑪ <u>그녀는</u> 아무도 찾아오는 사람이 없었기 때문에 <u>쓸쓸했다.</u> ⑫ 이곳은 <u>흡연 금지 구역이므로</u> 비흡연자를 위하여 흡연을 삼갑시다.

④ 전 세계적으로 석유 매장량은 일부 지역에만 분포되어 있다.

⑤ 서적은 지식을 습득하여 목표를 달성하는 유일한 방법이다.

⑥ 석유가 고갈되었을 때의 모습에 대해 사회의 각 주체들이 올바르게 인식하고 대비해야 한다.

⑦ 하루 중 가장 많이 비가 내린 곳은 충남 대전에서 55.4㎜이다.

⑧ 경찰에 따르면 이 씨는 지난 4일 새벽 2시 30분경 구로동 찜질방에 평소 알고 지내던 김 씨와 함께 침입해 현금 100만 원 상당의 금품을 훔쳐 달아난 혐의다.

⑨ 현재도 미국 블록버스터 영화는 유럽을 석권하는 영화 왕국의 지위를 차지하고 있다.

⑩ 이곳은 소변을 보지 마라.

⑪ 그녀의 집에는 찾아오는 사람도 없이 쓸쓸했다.

⑫ 이곳은 비흡연자를 위하여 흡연을 삼갑시다.

(2) 조사와 서술어의 호응

　서술어와 조사의 의미는 서로 어울려야 한다. 예를 들어 '마치', '조차' 등은 모두 극한 상황을 표현하기 위해 쓰는 보조사로, 평서문, 감탄문, 의문문 등에 따라 달리 쓰이기 때문에 주의하여 사용해야 한다. 호응에 유의하여 다음 문장을 바르게 고쳐 보자.

【예문】

① 오늘은 공부를 잘된다.(← 오늘은 공부가 잘된다.)

② 지난 정부의 서민 정책은 앞으로 손질이 불가피할 전망입니다.(← 지난 정부의 서민 정책은 앞으로 손질이 불가피할 것 같습니다.)

③ 그녀의 하루 일과는 커피를 마시는 일에서부터 시작한다.(← 그녀는 하루 일과를 커피 마시는 일부터 시작한다.)

(3) 부사어의 호응

부사어는 각각 이에 어울리는 짝이 존재한다. 부사어가 호응 관계를 이루는 짝을 제대로 만나지 못하면 비문이 탄생한다. 다음 예문을 바르게 고쳐 보자.

【예문】

① 나는 결코 바보다. (← 나는 결코 바보가 아니다.)

② 왜냐하면 내가 그를 본 적이 없다. (← 왜냐하면 내가 그를 본 적이 없기 때문이다.)

③ 회사원은 마땅히 회사의 이익을 위해 열심히 일한다. (← 회사원은 마땅히 회사의 이익을 위해 열심히 일해야 한다.)

④ 우리는 이번 행사에 절대로 참여하기로 했다. (← 우리는 이번 행사에 절대로 참여하지 않기로 했다.)

⑤ 시험에 겨우 합격 못했다. (← 시험에 겨우 합격했다.)

호응 관계를 이루는 부사어의 예는 다음과 같다.

【예문】

① 첫사랑의 기억은 결코 지워지지 않는다.

② 한 번 나빠진 공기를 정화하는 일은 여간 쉬운 일이 아니다.

③ 그 광경은 나로 하여금 인간의 잔인성을 느끼게 했다.

④ 바야흐로 추운 겨울이 지나가려 한다.

⑤ 남자는 모름지기 다섯수레 분량의 책을 읽어야 한다.

⑥ 당시 철수의 나이는 겨우 여섯 살밖에 안 되었다.

⑦ 철수는 언제 학교에 갔어?

⑧ 저는 하다못해 제일 친한 친구하고도 싸웠습니다.

⑨ 그 성은 좀처럼 함락되지 않았다.

⑩ 스스로 공부를 하면 반드시 성공한다.

(4) 인칭 대명사의 호응

인칭 대명사를 쓸 때에도 호응 관계에 유의해야 한다. 예를 들어 한 문장 내에서 같은 사람에게 '그'와 '나'라는 인칭 대명사를 쓰면 읽는이가 혼란스러움을 느끼게 된다.

【예문】

① 그는 어머니에게 꾸중을 들으면서도 나는 잘못한 것이 없다고 생각했다.(나는→자신은)

② 어머니는 영희를 애타게 찾았다. 그녀는 급한 마음에 신발도 안 신은 채 달려 나갔다.(그녀는→ 나는)

(5) 능동과 수동의 호응

사람이나 사물의 행위를 표현할 때에는 능동과 수동을 사용한다. 그런데 한 문장 내에서 동일한 행동을 표현할 때 능동과 수동을 혼합하여 표현하는 것은 바람직하지 않다.

【예문】

어떤 청년이 과속 차량에 치였다. 그리고 뺑소니차는 가로수를 들이받고 멈추었다.

(← 과속 차량이 어떤 청년을 치었다. 그리고 뺑소니차는 가로수를 들이받고 멈추었다.)

(6) 시제의 호응

문장 내에서 시제는 반드시 일치해야 하다. 예를 들어 어제를 나타내는 말에는 과거 시제를, 오늘을 나타내는 말에는 현재 시제를, 내일을 나타내는 말에는 미래 시제를 사용해야 문장의 왜곡을 막을 수 있다.

① 어제+과거 시제 선어말 어미(-았-/-었-)
② 오늘+현재 시제 선어말 어미(-ㄴ-/-는-)
③ 내일+미래 시제 선어말 어미(-겠-)

【예문】

① 내일 나는 시골 할머니 댁에 놀러 갔었다(×)

② 어제는 몸이 아파서 병원에 갈 예정이다.(×)

③ 그녀와 나는 오늘 쇼핑을 한다.(○)

④ 나는 어제 일찍 일어난다.(×)

(7) 수식어와 피수식어의 호응

비문은 수식어와 피수식어의 불일치에서 비롯되기 쉽다. 따라서 수식어와 피수식어는 반드시 일치하도록 하는 것이 좋다. 수식어와 피수식어의 거리가 지나치게 떨어져 있으면 두 품사가 일치하지 않을 확률이 높아지기 때문에 가능한 한 가까운 거리에 두는 것이 좋다. 거리가 멀면 수식어가 어떤 말을 꾸며 주고 있는지 모르거나 두 가지 이상을 꾸며 주고 있는 것으로 착각할 수 있기 때문이다. 다음 문장이 비문인 이유를 말해 보자.

【예문】

① 그녀는 어두운 표정으로 손님들과 악수하였다.(← 어두운 표정의 그녀는 ~)

② 절대 외부 차량 출입금지(← 외부 차량 절대 출입금지)

③ 온통 아파트가 김치 냄새로 배어 있다.(← 아파트가 온통 김치 냄새로 배어 있다.)

④ 경남 지역에서는 큰 해충의 피해로 수확이 줄었다.(← 해충의 큰 피해)

⑤ 우리 회사는 절대 신분을 보장한다.(← 신분을 절대 보장한다)

07

숫자를 제대로 써라

숫자를 제대로 쓰려면 다음 원칙을 따르는 것이 좋다.

첫째, 다른 사람들이 숫자를 정확하게 읽기를 바란다면 숫자를 한글로 적는 것이 좋다.(다만 시각은 예외로 한다.)

둘째, 큰 숫자는 숫자에 한글을 섞어 써야 한눈에 읽기가 좋다.

셋째, 읽기 쉽게 써야 한다.

【예문】

① 나는 어제 친구 두 명과 수영장에 다녀왔다.(나는 어제 친구 2명과 수영장에 다녀왔다.×)

② 이 사과를 다섯 사람이 세 알씩 먹거나 여섯 사람이 세 개씩 먹으면 된다.(이 사과를 5사람이 3알씩 먹거나 6사람이 3개씩 먹으면 된다.×)

③ 한 잔의 커피(커피 한 잔×, 1잔의 커피×)

④ 한 민족(하나의 민족×, 1민족×)

⑤ 하나, 다섯, 여섯, 일곱, 여덟, 아홉, 이틀, 사흘, 엿새(1나, 5섯, 6섯, 7곱,

8덟, 9홉, 2틀, 3흘, 6새×)

⑥ 모금을 시작한 지 1,234시간이 지나자 모두 1조 2억 2,500만 원을 모았다.(모금을 시작한 지 1천2백3십4시간이 지나자 모두 100,022,500만 원이 모였다.×)

⑦ 보리 서 말과 쌀 세 가마를 서너 달쯤 지나서 나눠주겠다.(보리 서 말과 쌀 3가마를 3~4달쯤 지나서 나눠주겠다.×)

⑧ 시 예산 840만 원과 정부 예산 9,000만 원을 투입했다.(시 예산 8,400천 원과 정부 예산 90,000천 원을 투입했다.×)

헷갈리기 쉬운 맞춤법

ORTHOGRAPHY

글쓰기야말로 위대한 기술이다.
— 자크 바르

구 분	예문 및 설명
가까워/가까와	**예** 둘 사이가 가까워(가까와×)지다 ※ 어간이 두 음절 이상인 'ㅂ' 변칙용언('가깝다', '아름답다' 등)은 양성모음, 음성모음의 구별 없이 '워'형으로 적음. (**예** 그녀가 아름다워졌다). **참조** 김치를 담가('담그-'+'-아')먹다, 문을 잠갔다('잠그-'+'-았다') ※ 'ㅏ, ㅗ'는 양성모음, 'ㅐ, ㅚ'등은 음성모음
가능한 빨리/ 가능한 한 빨리	**예** 가능한 빨리 도착해 주십시오.(×)/가능한 한 빨리 도착해 주십시오.(○) **참조** '가능한'은 형용사 '가능하다'의 관형사형으로, 뒤에 명사나 의존 명사가 온다는 특징이 있음. 따라서 '가능한' 다음에는 부사나 서술어가 올 수 없음. 따라서 '가능한'다음에 한(限)이라는 명사를 넣어야 문장이 성립함.
가르치다/ 가리키다	1. 가르치다 : 지식이나 기능 따위를 깨닫게 하거나 익히게 하다. 　　**예** 나는 학교에서 학생들을 가르친다. 2. 어떤 방향이나 대상을 지정하거나 알리다. 　　**예** 그녀는 손가락으로 남쪽을 가리켰다.
가름/갈음/ 가늠	1. 가름 : 쪼개거나 나누어 분리되게 하는 일, 승부(또는 등수)를 정하는 일. 　　**예** 남자인지 여자인지 가름할 수 없다, 마지막 라운드에서 가름 났다. 2. 갈음 : 다른 것으로 대신함. 　　**예** 인사말에 갈음하다. 3. 가늠 : 목표(또는 기준)에 맞는지(적합한지)를 헤아려 봄, 사물을 어림잡아 헤아림. 　　**예** 물의 양을 잘 가늠해서 넣어라, 높이를 가늠할 수 없다.

구 분	예문 및 설명
가여운/가엾은	예 가여운/가엾은 아이 ※ 복수 표준어로 인정(《표준어》 제26 항 참조) 참조 서럽다, 섧다(복수 표준어) 참조 가엽다/가엾다(복수 표준어)
가정난/가정란	1. 한자어 뒤에 오는 한 음절 한자어에는 두음법칙을 적용하지 않음. 　예 학습란, 가정란, 투고란, 작업량 2. 수를 나타내는 말 뒤에서 의존명사로 쓰일 때에는 두음법칙을 적용하지 않음. 　예 2013 년도 3. 두음법칙이 적용되는 단어는 그 앞에 다른 말이 와서 새로운 단어의 일부가 될 때에도 두음법칙에 따라 적음. 　예 여성(女性), 직업여성(職業女性) 4. 고유어, 외래어 뒤에서는 두음법칙이 적용됨. 　예 생각난, 어머니난, 어린이난, 가십난(gossip欄) 5. 앞뒤가 짝을 이루는 한자성어, 접두사처럼 쓰이는 한자가 붙어서 된 말, 합성어에서는 뒷말의 첫소리가 'ㄴ' 소리로 나더라도 두음 법칙에 따라 적음. 　예 신여성(新女性), 공염불(空念佛), 남존여비(男尊女卑), 부화뇌동(附和雷同) 6. 한자음 '녀, 뇨, 뉴, 니'가 단어 첫머리에 올 적에는 '여, 요, 유, 이'로 적고, 단어의 첫머리가 아닐 경우에는 본음대로 적음.(《한글 맞춤법》 제10항 참조) 　예 회계연도(會計年度), 설립연도(設立年度), 당해연도(當該年度), 일차연도(一次年度)
갑절/곱절	1. 갑절 : 어떤 수량을 두 번 합침. 　참조 두 갑절(×)(← 의미 중복) 2. 곱절 : 같은 수량을 계속 합침, 배수(倍數)를 세는 단위

구 분	예문 및 설명
개다/개이다	예 날씨가 개다(개이다×) ※ "흐리거나 궂은 날씨가 맑아지다."라는 뜻을 가진 동사는 '개다' 참조 설레이는/설레는 마음
개발/계발	1. 개발(開發) : 개척하여 발전시킴, 상태를 개선해 나감. 　예 경제 개발, 석유 개발, 신제품 개발 2. 계발(啓發) : 지능이나 정신 따위를 일깨워 줌, 잠재되어 있는 속성을 더 나아지게 함. 　예 지능 계발, 소질 계발
개펄/갯벌	1. 개펄 : 갯가의 개흙 깔린 벌판, 거무스름하고 미끈미끈한 고운 흙(개흙)이 깔린 부분 2. 갯벌 : 바닷물이 드나드는 모래사장 또는 그 주변의 넓은 땅, 개흙이 깔린 부분 외에 모래가 깔린 부분까지의 좀 더 넓은 부분
거북하지/ 거북지	예 우리 둘 사이는 거북지 않다. 참조 'ㄱ, ㅂ, ㅅ' 등의 무성 자음이 앞에 올 때에는 '하'가 아주 줄어 거센소리로 나지 않지만, 유성 자음과 모음이 앞에 올 때에는 '하'의 'ㅏ'만 줄어 거센소리가 남.(유성음 : 모음과 ㄴ, ㅁ, ㄹ, ㅇ/무성음 : ㄴ, ㅁ, ㄹ, ㅇ'을 제외한 자음, ㅂ, ㅅ, ㄱ 등) 예 생각하건대(←생각건대), 넉넉하지(←넉넉지), 섭섭하지(←섭섭지)/간편하지(←간편치, 청하건대(←청컨대), 무심하지(←무심치)
거치른/거친	참조 거치른(거치르다)은 '거칠다'의 강원, 충청 방언이고, 표준어는 '거칠다' 예 거친(거치른×) 파도
건넛방/건넌방	1. 건넛방 : 건너편에 있는 방 2. 건넌방 : 안방에서 대청을 건너 맞은편에 있는 방 　참조 《한글 맞춤법》 6장 1절 57항

구 분	예문 및 설명
겨누다/견주다	1. 겨누다 : 활이나 총 따위를 쏠 때 목표물의 방향과 거리를 잡다. 예 그는 적에게 총을 겨누었다. 2. 견주다 : 둘 이상의 사물에 어떤 차이가 있는지 알기 위해 서로 대어 보다. 예 내 짝과 키를 견주어 보다.
결재/결제	1. 결재(決裁) : 부하 직원이 제출한 안건을 허가하거나 승인하는 것 예 결재 서류를 올리다, 결재가 나다 2. 결제(決濟) : 당사자 간의 거래 관계를 끝맺는 것 예 어음으로 결제하다.
경신/갱신	1. '更'은 '고친다'는 뜻으로는 '경'으로 읽고, '다시'라는 뜻으로는 '갱'으로 읽음.(갱신과 경신 모두 '이미 있던 것을 고쳐 새롭게 함'이라는 의미임.) 2. 경신(更新) : '신기록 경신'과 같은 경우에는 '경신'이라 씀. 예 신기록 경신 3. 갱신(更新) : '법률관계상의 존속 기간이 종료되어 그 기간을 연장하는 일'이라는 의미에서는 갱신이라 씀. 예 전세 계약 갱신, 운전 면허 갱신, 비자 갱신
구절/귀절	예 문구(文句), 구절(句節), 시구(詩句), 어구(語句)/글귀(-句), 귀글(句-) ※ 한자 '句'는 '글귀, 귀글'을 제외하고 모두 '구'로 읽음.
그러다/그렇다	1. '그러다'는 동사, '그렇다'는 형용사 2. 그러다(← 그리하다)/그렇다(← 그러하다) 예 그리고 나서(×)/그러고 나서(○)

구 분	예문 및 설명
그러므로/ 그럼으로	1. 그러므로 : 앞의 내용이 뒤의 내용의 이유나 원인, 근거가 될 때 쓰는 접속 부사. '그러니까, 그렇기(그러하기) 때문에'라는 뜻이 있음. 2. '그럼으로' : '그렇게 하는 것으로써'라는 뜻이 있음. 참조 '그럼으로'는 '그러므로'와 달리 '써'와 결합할 수 있음. 예 철수는 열심히 공부한다. 그럼으로(써) 보람을 느낀다.
그러지 말아요/ 그러지 마요	1. '그러지 마요'의 '마요'는 '말다'의 어간 '말-'에 어미 '-아'가 붙어서 '마'가 된 다음 보조사 '요'가 붙은 것이다. '말다'는 어미 '-아, -아라'가 붙으면 받침의 'ㄹ'이 탈락해 '마, 마라'가 된다. 2. '마지못하다, 마지않다, 하다 마다, 하지 마라, 하지 마'처럼 'ㄹ'이 줄 때에는 준 대로 적는다.(≪한글 맞춤법≫ 제18항 [붙임] 참조) 예 제발 그러지 마요(말아요×).
금세/금새	예 금세(금새×) 없어졌다. ※ '지금 바로'의 뜻을 가진 '금세'는 '금시(今時)+에'의 준말이므로 '금세'로 적어야 함.
금슬/금실	1. 부부간의 사랑을 나타내는 경우에는 '금슬'과 '금실'모두 허용 (복수 표준말) 예 저 부부는 금실(금슬)이 좋다. 2. 거문고(琴)와 비파(瑟)를 나타낼 때는 '금슬'이라 씀.
깨뜨리다/ 깨트리다	예 화분을 깨트리다/깨뜨리다(○) ※ 복수 표준어로 인정 참조 무너뜨리다, 무너트리다/넘어뜨리다/넘어트리다
깨치다/ 깨우치다	1. 깨치다 : 이치를 깨닫다 예 공식을 깨치다. 2. 깨우치다 : 깨달아 알게 하다 예 아들의 잘못을 깨우쳐 주다.

구 분	예문 및 설명
끼어들다/ 끼여들다	예 택시가 버스 앞으로 <u>끼어들다</u>(끼여들다×) ※ 끼어들다 : 자기 순서나 자리가 아닌 틈 사이를 비집고 들어서다.
깨끗이/깨끗히	1. 'ㅅ' 받침 뒤에서 　　예 깨끗이(깨끗히×), 따뜻이, 번듯이, 느긋이 2. 첩어 뒤에서 　　예 간간이, 줄줄이, 겹겹이, 일일이 3. 부사 뒤에서 　　예 곰곰이, 더욱이, 히죽이, 생긋이 　　참조 부사의 끝음절이 분명히 '이'로만 나는 것은 '-이'로 적는다.(《한글 맞춤법》 제51항 참조)
나는/날으는 (노는/놀으는)	예 하늘을 <u>나는</u> 새(○)/하늘을 <u>날으는</u> 새(×) ※ 어간의 끝소리인 'ㄹ'이 '-ㄴ', '-ㅂ', '-오', '-시-'로 된 어미 앞에서 탈락하는 현상 참조 찻길에서 <u>노는</u> 아이
나무꾼/나뭇꾼	예 나무꾼(나뭇꾼×), 낚시꾼(낚싯꾼×)/때깔(때갈×), 빛깔(빛갈×), 성깔(성갈×)/귀때기(귀대기×), 볼때기(볼대기×)/곱빼기(곱배기×) ※ 「한글 맞춤법」 제54항에서는 '-꾼'과 '-(ㅅ)군', '-깔'과 '-(ㅅ)갈', '-때기'와 '-(ㅅ)대기', '-꿈치'와 '-(ㅅ)굼치', '-빼기'와 '-(ㅅ)배기', '-쩍다'와 '-적다' 중에서 '-꾼, -깔, -때기, -꿈치, -빼기, -쩍다'를 표준으로 정하고 있음. 즉, 된소리로 나는 위의 접미사는 된소리 글자로 적게 되어 있음. ※ 다만 언덕빼기는 언덕바지와 짝을 맞추기 위하여 언덕배기로 적음.(《표준어 규정》 제26항에는 '언덕배기'와 '언덕바지'를 복수 표준어 인정)
내 자신/ 나 자신	예 나 자신(○)/내 자신(○) 참조 앞에서 가리킨 그 사람임을 강조하여 이르는 '자신'은, 사람을 가리키는 '나, 너, 당신, 자기' 뒤에 쓰여, '나 자신, 너 자신, 당신 자신, 자기 자신'과 같이 쓰임.(표준국어대사전)

구 분	예문 및 설명
−내노라/ −내로라	예 전국에서 <u>내로라 하는</u>(내노라 하는×) 사람들이 모두 모였다. ※ '내로라'는 대명사 '나'에 서술격 조사 '이−', 주어가 화자와 일치할 때 쓰이는 어미 '−오−', 평서형 종결어미 '−다'가 차례대로 결합된 형식이다.(내로라: 나+이−+−오−+−다 ⇒ 나+이−+−로−+−라 ⇒ 내로라)
−냐	예 이 뱀은 왜 이렇게 <u>길으냐</u>?(×)/이 뱀은 왜 이렇게 <u>기냐</u>?(○) ※ '길다'는 받침을 가지고 있는 형용사임.
너머/넘어	1. 너머 : 높이나 경계로 가로막은 사물의 저쪽 또는 그 공간(공간이나 공간의 위치를 나타냄.) 예 재 <u>너머</u>(재 뒤의 공간), 고개 <u>너머</u>(고개 뒤의 공간), 저 <u>너머</u>(저쪽 뒤의 공간) 2. 넘어 : 동사 '넘다'에 어미 '−어'가 연결된 것(동작을 나타냄) 예 산 <u>넘어</u>(산을 넘는 동작) ※ "어간에 '−이'나 '−음' 이외의 모음으로 시작된 접미사가 붙어서 다른 품사로 바뀐 것은 그 어간의 원형을 밝히어 적지 아니한다."(≪한글 맞춤법≫ 제19항 [붙임] 참조)라는 규정에 의하여 공간을 나타내는 '너머'의 경우에도 '넘다'라는 동사에서 온 말이기는 하지만 원형을 따로 밝히어 적지 않는다.
너비/넓이	1. 너비 : 평면이나 넓은 물체의 가로로 건너지른 거리 예 호수의 <u>너비</u>, 어깨<u>너비</u> 참조 어간에 '−이'가 붙어서 명사로 바뀐 것이라도 그 어간의 뜻과 멀어진 것은 원형을 밝히어 적지 않는다.(≪한글 맞춤법≫ 4장 3절 19항 해설) 2. 넓이 : 일정한 평면에 걸쳐 있는 공간이나 범위의 크기 예 사각형의 <u>넓이</u>를 구하라.
눈꼽/눈곱	예 눈꼽(×)/눈곱(○) 참조 눈+곱=눈곱으로, 곱은 '눈에서 나오는 진득진득한 액이 말라붙은 것'을 의미

구 분	예문 및 설명
-느냐	예 너 지금 어디 가냐?(×)/너 지금 어디 가느냐?(○) ※ '가다'는 동사이므로 어간 뒤에 붙여 '가느냐'처럼 써야 함.
-는지	예 좋은 세상은 언제 올런지 모르겠다.(×)/좋은 세상은 언제 올는지 모르겠다.(○)
늘이다/늘리다	1. 늘이다 : 길이가 있는 물체를 당겨 더 길게 하거나 아래로 길게 처지게 하는 행위 　예 고무줄을 늘이다/머리를 길게 땋아 늘이다(늘어뜨리다) 2. 늘리다 : '늘다'의 사동사, 반대말은 '줄이다' 　예 재산을 늘리다/바지단을 늘리다
다르다/틀리다	1. 다르다 : "같지 않다"('다르다'는 형용사) 　예 내 생각은 다르다(틀리다×), 이론과 현실은 다르다(틀리다×) 2. 틀리다 : "셈이나 사실 따위가 맞지 않다.", "예정된 상황(상태)에서 벗어나다."('틀리다'는 동사) 　예 약속이 틀리다(다르다×), 계산이 틀리다(다르다×)
닫치다/닫히다	1. 닫치다 : 뚜껑, 서랍 따위를 세게 닫다, 입을 굳게 다물다. 　예 그는 화가 나서 현관문을 닫치고 나갔다/그는 너무 어이가 없어 입을 닫쳐 버렸다. 2. 닫히다 : '닫다'의 피동사 　예 문이 바람에 닫혔다. 　참조 '(문을) 닫치다'는 '(팔을) 다치다'나 '(문이) 닫히다'와 구별하여 적는다.(《한글 맞춤법》 6장 1절 57항)

구 분	예문 및 설명
대/데	1. 남에게 들은 사실(-대) 　예 네 남자 친구 잘 생겼<u>대</u>. 2. 실제로 본 사실(-데) 　예 네 남자 친구 잘 생겼<u>데</u>.(실제로 본 사실) 　참조 -ㄴ대와 -ㄴ데 　　① -ㄴ대 : '놀라거나 못마땅하게 여김'의 의미를 포함하여 주어진 사실에 대한 의문을 나타내는 종결 어미(예 오늘따라 왜 저러신대?, 그러면 어쩔 건대?) 　　② -ㄴ데 : 어떤 일에 대해 감탄하는 의미를 포함하여 그에 대한 청자의 반응을 기다리는 태도를 나타내는 종결 어미(예 키가 정말 큰데. 아버님이 정말 미남이신데.)
더욱이/더우기	※ 부사에 '-이'가 붙어서 역시 부사가 되는 경우에 그 어근이나 부사의 원형을 밝히어 적는다.(《한글 맞춤법》 제25항 참조) 예 더욱이(더우기×), 일찍이(일찌기×), 오뚝이(오뚜기×)
던/든	1. 좋으냐는 물음/과거의 사실 　예 그 사람이 그렇게 좋<u>던</u>?/어제 집에 왔<u>던</u> 사람이 영희 신랑감이래. 2. 선택의 문제 　예 그 사람이 좋<u>든</u> 싫<u>든</u> 네 마음대로 해라.(선택의 문제)
던지/든지	1. -던지 : 지난 일을 나타내는 '-더-'에 어미 '-ㄴ지'가 결합된 어미 　예 갓난아이가 분유를 얼마나 많이 <u>먹던지</u> 배탈이 날까 걱정되었다. 　참조 '-더'와 결합하여 지난 일을 나타내는 말 　예 -더니만, -더라, -더라면, -던, -던가, -던걸, -던고, -던데, -던들 2. -든지 : 물건이나 일의 내용을 가리지 아니함(조사 또는 어미) 　예 가<u>든</u>(지) 오<u>든</u>(지) 마음대로 해라.

구 분	예문 및 설명
돐/돌	예 첫돌, 창립 30돌(돐×) ※ '돌'의 의미로 '돐'을 쓰는 경우가 있지만 '돌'만 표준어로 삼는다.(《표준어 규정》 2장 1절 6항 참조)
되어/돼	예 아버지께서는 장차 훌륭한 사람이 되라고 말씀하셨다. 예 장차 훌륭한 사람이 돼(되어)라. ※ '돼'는 '되어'의 준말
들러서/들려서	예 친구 집에 들러서(들려서×) 책을 빌려 왔다. ※ '들러서'는 '들르다'의 어간 '들르-'에 '-어서'가 결합한 것이고, '들려서'는 '들리다'의 어간 '들리-'에 '-어서'가 결합한 것임.
따 놓은 당상/ 떼어 놓은 당상	※ 변하거나 다른 데로 갈 리 없음, 일이 확실하여 조금도 틀림이 없음 예 따 놓은 당상/떼어 놓은 당상(O)/(←둘 다 표준어임)
뗄려야 뗄 수 없는 /떼려야 뗄 수 없는	예 철수와 영희는 뗄려야 뗄 수 없는 사이다.(×) 예 철수와 영희는 떼려야 뗄 수 없는 사이다.(O) ※ 《표준어 규정》 제2장 제4절 제17항 '-려야'와 'ㄹ려야' 중에서 'ㄹ려야'를 버리고 '-려야'만 취함. 참조 가려야 갈 수 없는
띠다/띄다/떼다	1. 띠다 : 감정이나 기운 따위를 겉으로 드러내다/몸에 지니다/용무, 직책, 사명 따위를 지니다. 　　예 얼굴에 미소를 띠다/추천서를 띠고 그를 찾아가라/중대한 임무를 띠고 파견되었다 2. 띄다 : 간격이 벌어지다/겉으로 드러나다 　　예 책상 사이를 띄다(간격을 벌리다)/요즘 동생의 행동이 눈에 띄게 달라졌다. 3. 떼다 : 말문을 열다/~을 분리하다./일정 부분을 덜어 내다./마음이 돌아서다. 　　예 운을 떼다/껌을 떼다/이자를 떼다/정을 떼다

구 분	예문 및 설명
량/양	1. 앞말이 한자어일 경우에는 '량' 　　예 작업량, 노동량 2. 앞말이 고유어, 외래어일 경우에는 '양' 　　예 일양, 알칼리양
-로서/로써	1. '-로서'는 자격, '-로써'는 수단이나 도구 2. '-로서'는 조사로, 받침 없는 체언이나 'ㄹ' 받침으로 끝나는 체언 뒤에 붙어 사용되지만, '-로써는' 조사로, 받침 없는 체언이나 'ㄹ' 받침으로 끝나는 체언 뒤에 붙어 사용됨. 　　예 연필로써 글씨를 쓰다, 눈물로써 호소하다('써'는 생략 가능)/그것은 아버지로서 할 행동이 아니었다.
맞는/맞은 (알맞은/ 알맞는)	※ '맞는'은 동사, '알맞은'은 형용사 예 맞는(○), 맞은(×)/알맞는(×), 알맞은(○) 예 이치에 맞지 않는 일이다/너에게는 알맞지 않은 일이다.
맞히다/맞추다	※ '(쏘거나 던진) 어떤 물체가 다른 물체에 닿다'/'요구되거나 기대하는 답을 하다'라는 뜻일 때(맞히다는 '맞다'의 사동사) 예 화살로 과녁을 맞히다/예방 주사를 맞히다/프로축구 우승팀을 맞히다/정답을 맞히다 예 알아맞히다(×)/알아맞히다(○) 　※ 떨어져 있는 부분을 서로 맞게 대어 붙이다/둘 이상의 대상을 비교하여 살펴보다/서로 조화를 이루다 예 셈을 맞추다/간을 맞추다/입을 맞추다/옷을 맞추다/짝을 맞추다
머물러/머물어	예 머물러(머물어×) 참조 ① '머무르다'와 '머물다'는 본딧말과 준말의 관계에 있는 말로, 모두 표준어 ② '머물다'에는 모음으로 시작하는 어미가 연결되지 않음.(예 머물어, 머물아, 머물이, 머물오×)

구 분	예문 및 설명
머지않아/ 멀지 않아	※ 시간적으로 멀지 않다는 뜻, '머지않아'는 한 단어임. 예 머지않아 진실이 밝혀질 것이다. 참조 멀지 않은 미래/회사가 멀지 않다.
몇 일/며칠	예 오늘이 며칠(몇 일×)이냐? ※ "어원이 분명하지 아니한 것은 원형을 밝히어 적지 않는다."(《한글 맞춤법》제27항 [붙임 2] 참조)
무우/무	예 무우(×)/무(○) 참조 준말이 널리 쓰이고 본말이 잘 쓰이지 않는 경우에는 준말만을 표준어로 삼는다(《표준어》제14항 참조) 예 무김치, 무말랭이, 무생채(○)/무김치, 무우말랭이, 무우생채(×)
바램/바람	1. '바라다'는 '생각한 대로 이루어지기를 원한다'는 뜻(바람은 '바라다'에서 파생된 말) 　　예 나는 네가 성공하기를 바라.(바래×) 2. '바래다'는 '색이 변하다.', '빛깔을 희게 하다.'는 뜻 　　예 옷의 색이 바래다.
-박이/-배기	예 오이소배기(×)/오이소박이(○) ※ 오이소박이는 '오이+소+박이'의 구조로 '오이에 소(만두, 송편 등에 넣는 고명)를 박았다'는 뜻이다. 이와 같이 '박다'의 뜻이 살아 있는 경우 '박이'가 되고, 그렇지 않을 경우 '배기'로 쓴다. 예 붙박이, 점박이, 덧니박이, 차돌박이 참조 '박다'의 뜻이 살아 있지 않은 예 예 나이배기, 한 살배기, 진짜배기
반드시/반듯이	1. 반드시 : '꼭, 틀림없이' 　　예 이번 일은 반드시 성공하고 말겠어. 2. 반듯이 : 반듯하게 　　예 어른 앞에서는 반듯이 앉아라.

구 분	예문 및 설명
	참조 '-하다'가 붙는 어근에 '-히' 나 '-이'가 붙어서 부사가 되거나, 부사에 '-이'가 붙어서 뜻을 더하는 경우에는 그 어근이나 부사의 원형을 밝히어 적는다.(《한글 맞춤법》 제25항 참조)
받치다/받히다/ 바치다	※ '-치'는 강세 접사, '-히-'는 피동 접사 예 우산을 받치다./그릇을 받치다. 예 소에게 받히다./차에 받히다. 예 왕에게 예물을 바치다./목숨을 바치다.
-번째/-째 번	예 첫 번째, 첫째 번(○) 참조 '-번째'과 '-째 번' 모두 사용할 수 있음. '맨 처음의'의 뜻을 나타내는 관형사 '첫' 뒤에, 차례나 횟수를 나타내는 의존 명사 '번째'를 써서 '첫 번째'와 같이 쓸 수도 있고, '순서가 가장 먼저인 차례'라는 뜻을 나타내는 관형사 '첫째' 뒤에, 일의 차례를 나타내는 의존 명사 '번'을 써서 '첫째 번'과 같이 쓸 수도 있음.

벌이다/벌리다	1. 벌이다 : 어떤 일을 시작하거나, 여러 개의 물건을 늘어놓는 것
	   예 시위를 벌이다/싸움을 벌이다
	2. 팔이나 다리 혹은 조개 따위의 둘 사이를 떼어서 넓히거나 우므러진 것을 펴서 여는 것
	   예 입을 벌리다(닫다의 반대)/조개를 벌리다(우므리다의 반대)

보존(保存)/
보전(保全)/
보전(補塡)
	1. 보존(保存) : 현 상태대로 방치하면 더 나빠질 우려가 있는 것을 유지함.
	   예 공문서 보존/종족 보존
	2. 보전(保全) : 현 상태를 계속 지켜서 향후에도 같은 상태에 있게 함.
	   예 길이 보전하세
	3. 보전(補塡) : 부족한 부분을 보태어 채움.
	   예 생태계 보전

구 분	예문 및 설명
복숭아뼈/ 복사뼈	예 복숭아뼈(×)/복사뼈(○) ※ 복사뼈 : 발목 부근에 안팎으로 둥글게 나온 뼈
부딪치다/ 부딪히다	※ '-치'는 강세 접사, '-히-'는 피동 접사 예 몸을 벽에 부딪치다./자동차가 화물차와 부딪쳤다. 예 벽에 부딪혀 머리에서 피가 났다./부모의 반대에 부딪혀 뜻을 이루지 못했다./자전거가 자동차와 부딪혔다.
부숴뜨리다/ 부서뜨리다	예 부숴뜨리다(×), 부서뜨리다(○) 예 책상을 부숴(← 부수어) 버렸다, 동생이 내 로봇 장난감을 부쉈어(← 부수었어). 참조 다른 경우는 '부수다'의 활용형으로 보아 '부숴'로 적지만 '부서뜨리다'는 '부서'로 적음(예외 : 부서뜨리다/부서트리다, 부서지다).
부치다/붙이다	예 편지를 부치다./전을 부치다. 예 흥정을 붙이다./우표를 붙이다./요리에 취미를 붙이다./별명을 붙이다.
불리다/ 불리우다	예 많은 사람에게 불리우는 노래(×)/많은 사람에게 불리는 노래(○) ※ '불리다'는 '부르다'의 피동사

붙이다/부치다	1. 붙이다 : '붙다'에 사동 접미사 '-이-'가 들어간 말
	   예 종이를 벽에 붙이다, 조건을 붙이다, 취미를 붙이다, 흥정을 붙이다
	2. '붙다'와 관계가 없거나 원래의 뜻에서 멀어진 경우
	   예 편지를 부치다, 힘이 부치다, 전을 부치다

빌다/빌리다	1. 乞, 祝의 뜻일 때(빌다) 예 밥을 빌어먹다(乞)/그녀의 행복을 빌다(祝)

구 분	예문 및 설명
	2. 借, 貸의 뜻일 때(빌리다) 　예 돈을 <u>빌려 주다</u>/술의 힘을 <u>빌려</u> 사랑을 고백하다
사돈/사둔	예 사돈(査頓, ○)/사둔(×) 참조 ① 부조(扶助, ○)/부주(×) 　　② 삼촌(三寸, ○)/삼춘(×)
사용/이용	1. 이용 : 대상을 필요에 따라 이롭게 씀. 　예 출근 시 대중교통을 <u>이용</u>(사용×)한다. 2. 사용 : 일정한 목적과 기능에 맞게 씀. 　예 수업 중에는 휴대 전화를 <u>사용</u>(이용×)해서는 안 된다.
삼가/삼가해	예 흡연을 <u>삼가</u>(삼가해×) 주십시오. ※ '꺼리는 마음으로 양(量)이나 횟수가 지나치지 아니하도록 하다.'라는 뜻을 가진 말은 '삼가다'임.('삼가하다'는 말은 비표준어)
서 돈/세 돈/ 석 돈	예 서 돈(○)/세 돈/석 돈(×) ※ 단위 명사 '돈', '말', '발', '푼' 앞에서는 '서[三]'를 쓴다(《표준어》 제17항 참조) 참조 ① '돈', '말', '발', '푼' 앞에서는 '너[四]'를 쓴다. 　　예 너 돈(○)/네 돈/넉 돈(×) 　　② '냥', '되', '섬', '자' 앞에서는 '석'을 쓴다. 　　예 석 냥/석 되/석 섬/석 자(○)
설겆이/설거지	1. 설겆이를 '설겆'+'이'의 구조로 볼 때 '설겆다'의 어원을 찾을 수 없음. 　예 설겆어라, 설겆으니, 설겆어서(×) 2. "사어(死語)가 되어 쓰이지 않게 된 단어는 고어로 처리하고 현재 널리 사용되는 단어를 표준어로 쓴다."(《표준어》 제20항 참조) 3. '설겆다'는 사어(死語)이고(비표준어), 현재 '설거지'가 널리 쓰이고 있으므로 설거지를 표준으로 인정함.

구 분	예문 및 설명
세 살바기/ 세 살배기	예 세 살바기(○)/세 살배기(○) ※ '그 나이를 먹은 아이'의 뜻/주로 어린아이를 대상으로 하여 사용 참조 '바기'는 순우리말(예 돌바기)

수/숫	1. 수컷을 나타내는 말은 '수-'로 쓰는 것이 원칙임.
	    예 수사자, 수놈, 수벌
	    〈예외〉 숫-양, 숫-염소, 숫-쥐
	참조
	① '수-'의 뒷말이 거센 소리가 되는 예
	    예 수-캉아지, 수-캐, 수-컷, 수-키와, 수-탉, 수-탕나귀, 수-톨쩌귀, 수-돼지, 수-평아리
	② '암'의 뒷말이 거센 소리가 되는 예
	    예 암-캉아지, 암-캐, 암-컷, 암-탉, 암-탕나귀, 암-톨쩌귀, 암-돼지, 암-평아리

순가락/숫가락	예 순가락(숫가락×) ※ 끝소리가 'ㄹ'인 말과 딴 말이 어울릴 적에 'ㄹ' 소리가 'ㄷ' 소리로 나는 것은 'ㄷ'으로 적는다.(《한글 맞춤법》 제29항) 예 사흘날, 반짇고리, 섣달 그믐날, 삼짇날

시각/시간	1. 시각(時刻) : 시간의 어느 한 시점, 짧은 시간
	    예 해지는 시각이 몇 시지?/시각을 지체해서는 안 된다.
	2. 시간(時間) : 어떤 시각(時刻)에서 어떤 시각까지의 사이
	    예 커피숍에서 시간을 보내다.

썩이다/썩히다	※ '속을 썩이다'만 '썩이다', 나머지는 '썩히다' 예 자식이 부모의 속을 썩이다. 예 아까운 재주를 썩히다.
아니에요/ 아니예요	예 그는 나쁜 사람이 아니에요(아니예요×) 참조 1. '아니에요'는 '아니-'(형용사의 어간)와 '-에요'(어미)가 결합한 것임.

구 분	예문 및 설명
	2. 종결 어미 '-어요'가 '아니다'와 '-이다' 뒤에 붙을 때는 '-에요'로 나타나기도 함. 예 먹- + -어요→먹어요 　　아니- + -어요→아니어요, 아니- + -에요→아니에요 　　장손이- + -어요→장손이어요, 장손이- + -에요→장손이에요 형용사 어간 '아니-'와 서술격 조사 '이-' 다음에는 '-어요'와 '-에요'가 결합되어 쓰인다. 이때 '아니어요, 아니에요'는 '아녀요, 아녜요'로 줄여 쓸 수 있다. 예 아니어요→아녀요, 아니에요→아녜요 　　장손이어요→장손여요(×), 장손이에요→장손예요(×) 그런데 '장손이어요, 장손이에요'는 '장손여요, 장손예요'로 줄어들지 않는다. 한편 앞의 명사에 받침이 없고, 서술격 조사 '이-'에 '-어요/-에요'가 결합되는 경우, 원래 형태는 쓰이지 않고, 줄어든 형태만이 쓰인다. 예 철수이어요(×)→철수여요, 철수이에요(×)→철수예요 그러므로 종결 어미 '-어요, -에요'가 붙는 '아니다, 이다'는 다음과 같이 쓰인다. ① 받침이 없을 때(-예요, 여요) 　　예 혜은이-예요, 광수-예요/혜은이-여요, 광수-여요 ② 받침이 있을 때 : -이에요 / -이어요 　　예 장손-이에요/장손-이어요 ③ 아니다 : 아니에요, 아녜요/아니어요, 아녀요
아다시피/ 알다시피	예 너도 알다시피(아다시피×) 나는 가난하다. ※ 동사 '알다'의 어간 '알-'에 '-는 바와 같이'의 뜻을 나타내는 연결 어미 '-다시피'가 결합하여 '알다시피'가 된 것이다. '알다'가 'ㄴ', 'ㅂ', '-오', '-시-' 앞에서 '아는', '압니다', '아오', '아시오' 등처럼 어간의 끝소리인 'ㄹ'이 탈락하는 용언이기 때문에 '아다시피'처럼 쓰려는 경향이 강하지만, 어미 '-다시피' 앞에서는 어간의 끝소리 'ㄹ'이 탈락하지 않는다.

구 분	예문 및 설명
아무튼/아뭏든	예 아무튼(아뭏든×)/하여튼(하옇든×) 참조 '아무튼, 하여튼'은 용언의 활용형이 아니라 부사로 굳어진 것임. 참조 '다만, 이렇든(지), 저렇든(지), 그렇든(지), 어떻든(지), 아무렇든(지)' 등은 부사로 굳어진 것이 아니라 '이렇다, 저렇다, 그렇다, 어떻다, 아무렇다'에 '-든(지)'가 결합한 것이므로 '이러튼', '저러튼'과 같이 적지 않고 원형을 밝히어 적는다.
안/않	1. '안'은 용언 앞에 붙어 부정 또는 반대의 뜻을 나타내는 부사 '아니'의 준말 예 점심을 <u>안</u> 먹었다, 다시는 <u>안</u> 보리라. 2. '않다'는 동사나 형용사 아래에 붙어 부정의 뜻을 더하는 보조 용언 '아니하다'의 준말 예 영희가 점심을 먹지 <u>않</u>았다./철수는 잘 생기지 <u>않</u>았다.
알맞은/알맞는	예 학생 신분에 <u>알맞은</u>(알맞는×) 옷차림을 하고 다녀라 참조 '알맞다'는 형용사임. 형용사와 결합하는 관형사형 어미는 '-은(ㄴ)'이고, 동사와 결합하는 관형사형 어미는 '-는'이다. 예 작다(형용사)→작은/먹다(동사)→먹는
알은체하다/ 아는 체하다	예 어떤 사람이 <u>알은체하며(알은척하며)</u> 말을 걸어왔다.(알지 못하면서 알고 있는 듯한 태도를 취하다.)(○) 예 어떤 사람이 <u>아는 체하며</u> 말을 걸어왔다.(×)
어떡해/어떻게	1. '어떡해'는 '어떻게 해'의 준말 예 나 어떡해. 2. '어떻게'는 '어떠하다'가 줄어든 '어떻다'에 어미 '-게'가 결합한 말 예 너 어떻게 된 거냐.

구 분	예문 및 설명
-어라/ -(으)라	예 직접 명령(특정한 사람에게 직접으로 명령하는 형식) 예 이것 좀 보아라./천천히 먹어라. 예 간접 명령(불특정 사람이나 대화 현장에 없는 사람에게 간접적으로 명령하는 형식) 예 기대하시라/알맞은 답을 고르라.
어쨋든/어쨌든	예 어쨋든(×)/어쨌든(○) ※ '어찌했든' 등의 'ㅎ'이 줄어 '어째, 어쨌든'으로 나타나는 것 참조 그랬든(그러했든)/이랬든(이러했든)/게 섰거라

여물다/영글다	1. 여물다 : 과실이나 곡식 따위가 잘 익다, 제 특성을 드러내다
	    예 포도가 여물다
	2. 영글다 : 여물다의 옛말
	    예 가을이 영글다.
	※ 복수 표준어로 인정

여쭈어/여쭈워	예 여쭈어/여쭈워(○) ※ 복수 표준어로 인정 참조 ① '여쭙다'와 '여쭈다'는 복수 표준어 ② 여쭙+-어=여쭈워/여쭈+-어=여쭈어
옛/예	예 옛스럽다/옛부터(×) 예 예스럽다/예부터(○) 참조 '예'는 명사, '옛'은 관형사임. 조사 '부터'가 결합할 수 있는 말은 명사임.
올바르다/ 옳바르다	예 '옳바르다'는 '올바르다'의 북한어(비표준어)

외골수/외곬	1. 외골수(-骨髓) : 어떤 한곳으로만 파고드는 사람
	    예 철수는 외골수라서 다른 직업은 생각해 보지도 않아.
	2. 외곬 : 단 한 가지 방법이나 방향
	    예 철수는 외곬으로 컴퓨터에만 몰두한다.

구 분	예문 및 설명
우레/우뢰	예 우레(우뢰×)와 같은 박수갈채 ※ '우뢰(雨雷)'는 이는 우리말 '우레'를 한자어로 잘못 인식하여 적은 것(우레=천둥)
운영/운용	1. 운영(運營) : 어떤 대상을 관리하고 운용해 나감.(비슷한 말 : 경영) 　예 회사를 운영하다, 기업을 운영하다 2. 운용(運用) : 무엇을 움직이게 하거나 부리어 사용함. 　예 자원을 운용하다, 지하자원을 운용하다
웃-/윗-	1. 위와 아래의 대립이 있을 때만 '윗-'을 씀. 　예 윗니, 윗눈썹, 윗도리, 윗목 　※ 된소리나 거센소리 앞에서는 'ㅅ'을 생략함. 예 위층, 위쪽 2. 그 밖의 뜻일 때는 '웃'을 씀. 　예 웃돈, 웃어른, 웃옷(여기서 웃옷은 '맨 겉에 입는 옷'을 뜻함, 윗옷≠웃옷)
웬/왠	1. 웬('어찌 된'의 뜻, 관형사) 　예 3월에 웬 추위냐? 2. 왠(왜 그런지 모르게 또는 뚜렷한 이유도 없이, 부사) 　예 오늘 따라 왠지 멋있어 보인다.
율/률	1. 한자어 律, 率, 栗, 慄은 앞말에 따라 '율'과 '률'로 쓰인다. 2. 앞말이 받침이 없거나 'ㄴ' 받침으로 끝나면 '율' 　예 백분율, 전율, 비율, 실패율 3. 이 밖의 받침으로 끝나면 '률' 　예 성공률, 명중률, 합격률
-냐/-으냐	예 오늘 밤에 묵을 방이 넓냐?(×) 　오늘 밤에 묵을 방이 넓으냐?(○) 　※ '넓다'는 받침을 가진 형용사

구 분	예문 및 설명
-으매/-음에	예 그녀가 <u>있으매</u>(있음에×) 내가 있다. 참조 '-으매' : 이유나 근거를 나타내는 연결 어미
-이에요/ 이어요/ -예요/-여요	1. 받침이 있는 말 뒤에서 　　예 뭣<u>이에요</u>, 책<u>이에요</u>/책<u>이어요</u> 2. 받침이 없는 말 뒤에서 　　예 저<u>예요</u>(저이에요), 뭐<u>예요</u>(뭐이에요)/저<u>여요</u>(저이어요) 　　※ '-이어요'는 계사(또는 서술격 조사) '이다'의 어간 '이-'에 종결 어미 '-어요'가 결합한 말이고, '-이에요'는 '-이어요'가 변한 말
잇달다/ 잇따르다	예 기관차 뒤에 객차들을 잇달았다. ※ "이어 달다"의 뜻일 때는 '잇달다'만 가능 예 공청회가 끝난 뒤에 참석자들에 대한 비난이 잇따랐다(잇달았다./연달았다.). 　　※ "어떤 사건이나 행동 따위가 연이어 발생하다"의 뜻일 때는 '잇달다, 잇따르다, 연달다'를 함께 쓸 수 있음. 예 제19대 대통령의 취임식이 끝난 뒤에 벌어진 가두행진에 보도 차량이 잇따랐다. 　　※ "움직이는 물체가 다른 물체의 뒤를 이어 따르다"라는 뜻일 때는 '잇따르다'가 자연스러움.
있다가/이따가	예 <u>이따가</u> 보자./<u>이따가</u> 줄게.(* 이따가 : 조금 뒤에) 예 하루 종일 집에 <u>있다가</u> 이제서야 어딜 가는 거니?
있아오니/ 있사오니	예 내빈 여러분을 위한 점심식사가 준비되어 있사오니(있아오니×)~ 참조 '있-+-사오-+-니=있사오니'의 구조로, '-사오-'는 겸양의 뜻을 가진 어미임. 예 -사옵-, -삽-, -자오-, -자옵-, -잡- 등
작다/적다	1. '작다' : 길이, 넓이, 부피 따위가 비교 대상이나 보통보다 덜하다, 정해진 크기와 맞지 아니하다. 　　예 그녀는 동생보다 키가 <u>작다</u>, 치수가 <u>작다</u>, 옷이 <u>작다</u> 2. '적다' : 수효나 분량, 정도가 일정한 기준에 미치지 못하다. 　　예 말수가 <u>적다</u>, 경험이 <u>적다</u>, 흥미가 <u>적다</u>

구 분	예문 및 설명
장이/쟁이	1. (전통적인 수공업에 종사하는) 기술자에게는 '-장이'를 쓰고, 이 밖에는 '-쟁이'를 쓴다.(《표준어》제9 항 참조) 2. '匠人'의 뜻이 살아 있는 말은 '-장이'로 적고, 이 밖에는 '-쟁이'로 적음. 3. '-장이'는 '그것과 관련된 기술을 가진 사람', '-쟁이'는 '그것이 나타내는 속성을 많이 가진 사람'을 뜻하는 말 예 간판장이, 땜장이, 양복장이, 옹기장이, 칠장이/겁쟁이, 고집쟁이, 떼쟁이, 멋쟁이, 무식쟁이
재떨이/재털이	예 재떨이(재털이×)를 가져 와라. ※ '떨다'가 붙어 있는 것을 손으로 쳐서 떼어내는 것의 의미이므로, '떨다'의 어형이 살아 있는 '재떨이'를 써야 한다.
조그만/ 조그마한	예 조그만/조그마한(○) : 복수 표준어 참조 조그마하다(○), 조그맣다(○), 조그만하다(×)
조리다/졸이다	1. 조리다 : 양념의 맛이 재료에 푹 스며들도록 바짝 끓여내는 것 예 생선을 조리다. 2. 졸이다 : 찌개나 국의 국물을 줄어들게 하는 것 예 국물을 졸이다.
주십시요/ 주십시오	예 다음 기회에 방문해 주십시요(×)/주십시오(○)
주책이다/ 주책없다	예 주책이다(×)/주책없다(○) 참조 '주책(主着)'은 '일정하게 자리 잡힌 생각'을 뜻하는 말로, '주책없다'는 '줏대가 없어 몹시 실없다'라는 뜻을 가진 표준어임.(《표준어》제25항 참조) 참조 안절부절하다(×)/안절부절못하다(○)

구 분	예문 및 설명
-진대/-진데	예 그 사람이 그렇게 좋을진데 무엇을 망설이니?(×)/그 사람이 그렇게 좋을진대 무엇을 망설이니?(○)
짜깁기/짜집기	예 짜깁기(○)/짜집기(×) ※ 짜깁기 : 찢어지거나 구멍이 뚫린 부분을 실로 짜서 깁는 일

-째	예 첫째, 셋째(세째×), 스물두째(스물둘째×)
	참조 '제2, 제3, 제4'와 같이 차례의 뜻을 나타내든, '두 개째, 세 개째, 네 개째'와 같이 수량의 뜻을 나타내든 '둘째, 셋째, 넷째'의 한 가지 형태만 표준어로 규정함(《표준어》 제6항 참조)
	참조 다만, '둘째'의 경우
	① 차례를 나타내는 말로, 앞에 다른 수가 올 때에는 받침 'ㄹ'이 탈락함.
	   예 열두째, 스물두째, 마흔두째
	② 수량을 나타내는 말로 앞에 다른 수가 올 때 받침 'ㄹ'이 탈락하지 않음.
	   예 열둘째, 스물둘째, 마흔둘째

쫓다/좇다	1. 공간 이동이 일어났을 때(쫓다)
	   예 강아지가 고양이를 쫓다.
	2. 공간 이동이 일어나지 않았을 때(좇다)
	   예 돈과 명예를 좇다.

찌뿌듯하다/찌뿌둥하다	예 몸이 찌뿌둥하다.(×)/찌뿌듯하다.(○)
체/채	1. '체'는 '체하다'의 형태로만 쓰임/척하다, 듯하다 등과 같은 보조 용언 예 그녀는 나를 못 본 체했다./쥐꼬리만 한 지식을 가지고 되게 아는 체하네.

구 분	예문 및 설명
	2. 있는 상태 그대로 예 벽에 기댄 채 잠을 잤다./신을 신은 채 방에 들어가다. 참조 관형사형 어미 뒤에서는 의존명사 '채', 명사 뒤에서는 접미사 '-째' 예 마늘을 통째로 먹다./그 과일은 껍질째 먹어야 건강에 좋다.
초점/촛점	※ 양쪽 모두 한자(어)일 때에는 그 사이에 사이시옷을 적지 않음 예 초점(焦點), 제상(祭床), 소수(素數), 화병(火病), 대가(代價), 개수(個數), 내과(內科) 〈예외〉 횟수(回數), 셋방(貰房), 곳간(庫間), 툇간(退間), 숫자(數字), 찻간(車間) ※ 사이시옷은, 순우리말로 된 합성어나 순우리말과 한자어로 된 합성어에서 앞말이 모음으로 끝나고, 뒷말의 첫소리가 된소리로 나거나 뒷말의 첫소리 'ㄴ, ㅁ'이나 모음 앞에서 'ㄴ' 소리가 덧나는 합성어 중에서 '고유어+고유어(아랫집, 나뭇잎), 고유어+한자어(귓병, 깃발), 한자어+고유어(전셋집, 예삿일)'일 때는 사이시옷을 적고, '한자어+한자어'일 때는 사이시옷을 적지 않는다. 합성어라도 위의 환경을 갖추지 못한 경우에는 사이시옷을 받치어 적지 않는다(머리말, 예사말 등). 참조 전세방(傳貰房)/전셋집(傳貰-) 〈용례〉

×	○	×	○
회집(膾-)	횟집	우유빛	유윳빛
기대값	기댓값	소주집	소줏집
대표값	대푯값	맥주집	맥줏집
초기값	초깃값	존대말	존댓말
최소값	최솟값	혼자말	혼잣말
극소값	극솟값	두부국	두붓국
인삿말	인사말	만두국	만둣국
노래말	노랫말	시래기국	시래깃국
무지개빛	무지갯빛	등교길	등굣길
보라빛	보랏빛	성묘길	성묫길
연두빛	연둣빛	휴가길	휴갓길

구 분	예문 및 설명
출석율/출석률	※ 모음이나 'ㄴ' 받침 뒤에서는 '열, 율'로 적음. 예 출석율(×)/출석률(○) 참조 법률, 능률, 출석률; 행렬, 결렬/운율, 비율, 백분율; 분열, 우열
칠칠하다/ 칠칠치 않다	1. 칠칠하다(형용사) : 깨끗하고 단정하다, 성질이나 일 처리가 반듯하고 야무지다. 2. '칠칠하다'의 부정 : '칠칠하다+못하다', '칠칠하다+않다'를 써서 '칠칠하지 못하다(칠칠치 못하다), 칠칠하지 않다(준말 : 칠칠치 않다)'와 같이 씀.
피란/피난	예 전쟁통에 피란(피난)가다(○) 참조 피난민/피란민, 피난살이/피란살이, 피난처/피란처(○) ※ 복수 표준어로 인정
하려고/할려고	예 나쁜 짓을 하려고(할려고×) 한다. 회사에 가려고(갈려고×) 한다. ※ '-ㄹ려고'가 아니라 '-려고'가 맞음.
하므로/ -함으로(써)	1. '-으로'는 조사, '-(으)므로'는 어미 2. '-므로'는 '-기 때문에'라는 까닭의 뜻을, '-ㅁ으로(써)'는 '-는 것으로(써)'라는 수단 또는 방법의 뜻을 나타냄. 3. '-므로'뒤에는 조사 '써'가 붙을 수 없지만, '수단'을 나타내는 조사 '(으)로'는 그 뜻을 강조할 경우에 그 뒤에 조사 '써'가 붙을 수 있음. 예 그녀는 열심히 일함으로(써) 부모님의 은혜에 보답하고자 한다./그 학생은 공부를 열심히 하므로 좋은 대학에 합격할 것이다.
하지 마라/ 하지 말아라	예 떠들지 말아라.(×)/떠들지 마라(← 말-+-아라).(○)

구 분	예문 및 설명
	예 선생님께서 떠들지 마라고 말씀하셨다.(×)/선생님께서 떠들지 말라고 말씀하셨다.(○) 예 떠들지 말아.(×)/떠들지 마.(○) ※ '-지 말아라'와 '-지 마라', '-지 말아'와 '-지 마'는 본말과 준말 관계이지만, 더 널리 쓰이는 준말만을 표준어로 인정하고 있음.
할게(할걸)(○) 할께(할껄)(×)	예 지금쯤은 집에 도착했을껄./내가 도와 줄께.(×) 예 지금쯤은 집에 도착했을걸./내가 도와 줄게.(○)
햇볕/햇빛	1. 햇볕 : 해가 내리쬐는 뜨거운 기운 　　예 햇볕에 그을리다, 햇볕을 쬐다 2. 햇빛 : '해의 빛'을 뜻하는 말 　　예 햇빛이 비치다, 햇빛을 가리다
홀몸/홑몸	1. 홀몸 : 배우자나 형제가 없는 사람 　　예 나는 홀몸이다. 2. 홑몸 : 딸린 사람이 없는 몸, 임신하지 않은 몸 　　예 홑몸이 아니어서 몸이 무겁다.

PART 04

헷갈리기 쉬운 띄어쓰기

WORD SPACING

"쉬지 않고 글을 써야만 마음의 문을 열 수 있고, 자기를 발견할 수 있다.
- 위화

구 분	예문 및 설명	비 고
그전/ 그∨전	• 과거의 막연한 시점 예 여기가 그전에 내가 아르바이트를 하던 곳이다. • 어떤 일이 이루어지기 전 예 공부를 잘하는 것도 좋지만 그∨전에 인간이 돼라.	
근(近)	• 관형사(해당 수량에 가까움.) 예 근∨사흘 동안 내린 눈	
-나∨마나	• 어미로 인정하지 않음.(띄어 씀.) 예 보나∨마나/하나∨마나/가나∨마나/말하나∨마나	
나마	• 의존 명사로 쓰일 경우(띄어 씀.) 예 학원에 가는 데 한 시간나마 걸렸다.(나마=남짓) • 어미로 쓰일 경우(붙여 씀) 예 처녀 때 모습이 희미하게나마 남아 있다. • 어미로 쓰일 경우(붙여 씀.) 예 먼발치에서나마 첫사랑을 보았다. 참조 남짓을 붙여 말이 되면 띄어 쓰고(의존 명사), 말이 되지 않으면 붙여 쓴다.	남짓
나위	• '나위'는 틈, 여지, 필요성의 뜻(의존 명사) • 주로 '-ㄹ 나위 없다'의 꼴로 쓰임. 예 두말할∨나위∨없다. / 더할∨나위∨없이 좋다.	
남짓	• 크기, 부피 따위가 일정 한도에 차고 조금 남는 정도(의존 명사) 예 회사까지 걸어서 30분 남짓 걸린다./가게 오픈까지 20일 남짓 남았다.	나마
녘	• 동녘, 서녘, 남녘, 북녘, 들녘, 새벽녘, 아침녘, 황혼녘 (붙여 씀.) • 해뜰∨녘, 동틀∨녘(관형사형 어미 뒤에서는 띄어 씀.)	

구 분	예문 및 설명	비 고
님	• 의존 명사(성이나 이름 다음에 붙여 그 사람을 높이고자 할 때) 　예 김철수∨님 • 접사 　예 달님(사람이 아닌 대상을 인격화하여), 회장님(직위나 신분을 나타내는 말 뒤에 붙여)	
-다마다	• 어미(붙여 씀.) 　예 그렇다마다, 옳다마다	
당(當)	• 관형사(띄어 씀.) 　예 당∨은행은 4시에 마감합니다./당∨20세의 처녀	
대/ㄴ대 대/는대	• 어미 　예 오늘은 왜 이리 춥대?('대'의 형태)/오늘 아버님이 오신대?('ㄴ대'의 형태)/이걸 모두 먹는대?('는대'의 형태)	
대로	• 의존 명사로 쓰일 경우(그 모양이나 상태와 같이, 어떤 모양이나 상태가 나타나는 즉시, 할 때마다) 　예 세월이 흘러가는∨대로/틈나는∨대로/도착하는∨대로 • 조사로 쓰일 경우(그 모양이나 상태와 같이, 따로따로) 　예 너는 너대로, 나는 나대로 　※ 앞말의 받침이 'ㄴ'이나 'ㄹ'로 끝날 경우, 의존 명사로 보아 띄어 쓴다. 이 밖의 것은 조사로 보아 붙여 쓴다.	
데/ㄴ데	• 의존 명사로 쓰일 경우 　예 내일 가는∨데가 어디야?(장소)/먹는∨데 정신이 팔렸다.(것)/머리가 아픈∨데 먹는 약(경우) • 어미로 쓰일 경우 　예 날씨가 추운데 꼭 가야 하니?/춤은 잘 추는데 노래는 못 부른다. 　※ 한 단어로 쓰이는 것(합성어): 온데간데없다, 올데갈데없다, 간데없다.	

구 분	예문 및 설명	비 고
동(同)	• 관형사('앞에서 말한 것과 같은'의 뜻, 띄어 씀.) 　예 동∨회사 퇴사, 동∨학교 졸업	
둥	• 무슨 일을 하는 듯도 하고, 하지 않는 듯도 함.(의존 명사) • '동'은 '둥'의 잘못(올 동 말 동 하다×) 　예 밥을 먹는∨둥 마는∨둥 한다./어른 말씀을 귀담아 듣지 않고 듣는∨둥 마는∨둥 하다.	
들	• 의존 명사로 쓰일 경우(두 개 이상의 사물이 나열되어 있을 때) 　예 연필, 지우개, 노트∨들이 있다. • 조사로 쓰일 경우(주어가 복수라는 것을 의미할 때) • 의존사람들, 남자애들, 많이들 먹어. 안녕들 하신가?	
듯	• 의존 명사로 쓰일 경우 　예 손에 잡힐∨듯하다./비가 올∨듯 말∨듯∨하다. 　※ 한 단어로 쓰이는 것(합성어) : 그럴듯하다 • 어미로 쓰일 경우 　예 돈을 물 쓰듯 하는구나./내가 네가 아니듯 너도 내가 될 수 없다.	
등(等)	• 그 밖에 같은(비슷한) 종류의 것이 더 있음을 나타내는 말 (의존 명사) 　예 그녀는 한식 외에 양식, 일식∨등에도 관심이 많다. 　※ 한 단어로 쓰이는 것(합성어) : 일등(이등, 삼등…), 꼴등	및
따위	• 앞에 나온 것들과 비슷한 종류임을 나타낼 때나 상대나 사물을 얕잡아 볼 때 　예 사과, 배∨따위의 과일/너∨따위는 내 상대가 안 돼. 　※ 한 단어로 쓰이는 것(합성어) : 이따위(그따위, 저따위), 요따위(고따위, 저따위)	

구 분	예문 및 설명	비 고

딴	• 관형사('다른'의 뜻, 띄어 씀.)
	  예 딴∨얘기/딴 곳
	  ※ 한 단어로 쓰이는 것(합성어) : 딴판, 딴짓, 딴것, 딴마음, 딴눈, 딴말, 딴사람, 딴생각, 딴소리, 딴속	

때문	• 어떤 일의 원인이나 까닭을 이르는 말 예 잘못된 것은 모두 너∨때문이야./나는 너를 사랑하기∨때문에 떠날 수 없어.	
-라고 (인용문 뒤에서)	"나는 왕이다."∨라고 소리쳤다. "내가 그렇게 좋아?"∨라고 물었다. '-라고'는 조사이므로 앞말에 붙여 씀.	하고

ㄹ 락 말락/
을락 말락
	• 어미
	  예 소녀의 모습이 보일락∨말락 하다.(보일락말락×)/
	    그녀의 손에 닿을락 말락 하다.(닿을락말락×)	

마는	• '-마는'은 조사(붙여 씀.) 예 좋습니다마는	'마는'의 준말은 '만'

마저	• 부사로 쓰일 때(남김 없이 모두의 뜻)
	  예 밥을∨마저 먹어라./선생님 말씀을∨마저 들어라.
	• 조사로 쓰일 때(~까지 포함하여 모두)
	  예 어린 철수마저 한글을 안다./너마저 내 곁을 떠나는구나.	

-만	• 의존 명사로 쓰일 때(시간의 흐름, 이유, 가능)
	  예 3년 만에 돌아왔다.(시간의 흐름)/덩치를 보니 먹을 만도 하다(이유)/네가 그런 행동을 한 것을 이해할 만도 하다.(가능)
	• 조사로 쓰일 때('한정', '강조', '그러한 정도에 이름'의 뜻)
	  예 공부만 하다, 형만 한 아우 없다, 짐승만도 못하다	

구 분	예문 및 설명	비 고
만치	• 의존 명사로 쓰일 때 　예 과식한 <u>만치</u> 살이 찐다. • 조사로 쓰일 때 　예 철수도 영철이<u>만치</u> 부자다. 　※ 앞말의 받침이 'ㄴ'이나 'ㄹ'로 끝날 경우, 의존 명사로 보아 띄어 쓴다.	만큼
만큼	• 의존 명사로 쓰일 때(그와 같은 정도, 원인 또는 근거) 　예 노력한∨<u>만큼</u> 대가가 있을 것이다./할∨<u>만큼</u> 했다. • 조사로 쓰일 때(앞말과 비슷한 정도 또는 한도) 　예 대궐<u>만큼</u> 큰 집/하늘<u>만큼</u> 땅<u>만큼</u> 　※ 앞말의 받침이 'ㄴ'이나 'ㄹ'로 끝날 경우, 의존 명사로 보아 띄어 쓴다.	만치
만하다/ 만∨하다	• 보조 형용사로 쓰일 때(용언의 활용형에 붙어) 　예 먹을∨<u>만하다</u>./살∨<u>만하다</u>./주목할∨<u>만하다</u>(동작이나 상태 등에 타당한 이유가 있을 때, 앞말이 뜻하는 것이 가능한 상황일 때) • 조사로 쓰일 때(체언에 붙어) 　예 우리 집 강아지는 송아지만∨하다/집채만∨한 파도 　※ 한글 맞춤법 제47조에서는 '보조 용언은 띄어 씀을 원칙으로 하되, 붙여 씀도 허용한다'라고 규정하고 있지만, 다음과 같은 경우에는 띄어 쓰는 것이 타당하다. 　　- 조사에 조사가 들어갈 여지가 있을 때 　　　예 알만(도)∨하다 　　- 대립하는 개념일 때 　　　예 형이 동생만∨못하다.('하다'와 '못하다'가 대립 개념)	
망정/-ㄹ 망정/ -을 망정	• 의존 명사로 쓰일 경우 　예 내가 옆에 있었으니까 <u>망정</u>이지 하마터면 큰일 날 뻔했다./돈이 있었으니 <u>망정</u>이지 창피를 당할 뻔 했다. • 어미로 쓰일 경우 　예 차라리 죽을<u>망정</u> 그를 배신하지 않겠다./머리는 나쁠망정 손재주는 뛰어나다.	

구 분	예문 및 설명	비 고
매	• 하나하나의 모든, 각각의(관형사) 예 매∨경기/매∨끼니/매∨시험	
몇	• 그리 많지 않은 얼마만큼의 수를 막연하게 이르는 말(관형사) 예 마트에 가서 사과 몇∨개만 사와라. ※ 몇이 수(數)와 결합할 때의 띄어쓰기 　① 뒤에 숫자 표현이 붙을 때(예 몇십, 몇백) 　② 앞에 숫자 표현이 붙을 때(예 십몇 대 일, 천몇 명의 직원) 　③ 앞뒤에 숫자 표현이 붙을 때(예 백 몇십, 몇백 명) 　④ 구체적인 수를 물어볼 때(예 연봉으로 몇∨억을 받다.)	
모	• 대명사로 쓰일 때('아무개'의 뜻) 예 김∨모, 안∨모. 최∨모 • 관형사로 쓰일 때('어떤'의 뜻) 예 어젯밤∨모 클럽에서 폭행 사건이 일어났다.	
못되다/ 못 되다 못하다/ 못 하다	• 부사로 쓰일 때 예 오늘 저녁에는 바느질을 못∨한다.(바느질을 할 시간이 없다.)/우리 엄마는 바느질을 못한다.(바느질 솜씨가 없다.) ※ 부정문으로 쓰인 경우에는 띄어 쓰고, 부정문으로 쓰인 경우가 아니면 붙여 씀. 예 행동이 못되다./숙제를 못하다./이곳을 떠난 지 채 1년이 못∨되었다./숙제를 못∨하다. ※ 한 단어로 쓰이는 것(합성어) : 못나다, 못되다, 못생기다	
뭇	• 수효가 많은(관형사) 예 뭇 혼성 그룹의 전성시대 ※ 한 단어로 쓰이는 것(합성어) : 뭇사람, 뭇생각, 뭇소리, 뭇시선, 뭇꽃, 뭇떡잎, 뭇매, 뭇까마귀, 뭇년, 뭇놈, 뭇별, 뭇웃음	

구 분	예문 및 설명	비 고
바/-ㄴ 바/ -던바/은바	• 의존 명사로 쓰일 때 　예 사전에 공지한∨바 있다./어찌할 바를 모르다./맡은 바 책임을 다해라. • 어미로 쓰일 때 　예 소문을 들은바 대로 훌륭하군./선생님은 일찍이 학문에 뜻을 두셨던바 오늘 드디어 그 결실을 맺게 되었다.	
밖	• '그것 말고는'의 뜻(조사로 쓰일 때) 　예 이 일은 너밖에 할 사람이 없다. • '그것 외에'의 뜻 　예 그∨밖의 방법을 찾아보아라.	
법	• 의존 명사로 쓰일 때(앞말의 받침이 'ㄴ'이나 'ㄹ'로 끝날 때) 　예 그런 법이 어디 있어?/남자만 데이트 비용을 내라는 법은 없다. • 접미사로 쓰일 때 　예 활용법, 조립법, 요리법, 계산법	
별(別)	• '보통과 다름'의 뜻(관형사) 　예 그녀와 난 별∨사이가 아니다./별∨해결책이 떠오르지 않는다. ※ 한 단어로 쓰이는 것(합성어) : 별걱정, 별것, 별꼴, 별나다, 별말, 별말씀, 별미, 별안간, 별짓, 별문제, 별일, 별수단, 별구경 ※ 헷갈리는 띄어쓰기(아래 세 가지는 한 단어가 아님.) ① 이번 일을 하기에 별∨무리가 없다. ② 별∨탈 없이 잘 마무리하기를 바란다. ③ 난 별∨뜻 없이 한 말이니 용서해 줘.	
보다	• 부사로 쓰일 때('한층 더'의 의미) *한글 맞춤법 1장 2항 관련 　예 보다 나은 환경 • 조사로 쓰일 때(앞말과 비교할 때) 　예 난 너보다 공부를 잘해. ※ 부사인 '보다'는 대체로 문장의 맨 앞에 쓰이고, 조사인 '보다'는 체언 뒤에 쓰인다.	한층, 한결

구 분	예문 및 설명	비 고
본(本)	• 관형사로 쓰일 때 예 본∨판사/본∨변호사 • 접두사로 쓰일 때 예 본회의/본계약 ※ 한 단어로 쓰이는 것(합성어) : 본궤도, 본동사, 본고사, 본국, 본계약, 본남편, 본고장, 본공장, 본길, 본꼴, 본그림	
부(副)	• 접두사(붙여 씀.) 예 부수입이 생겼다./나는 우리 모임의 부회장이다.	주(主)
분	• 의존 명사로 쓰일 때(사람을 높여 부르는 말) 예 찬성(반대)하시는 분, 어떤 분 • 접사(사람을 나타내는 일부 명사 뒤에 붙여) 예 친구분, 남편분 ※ 한 단어로 쓰이는 것(합성어) : 이분, 그분, 저분, 여러분	
뻔	• 어떤 일이 일어날 수 있었지만 그렇게 되지 아니하였음. 예 가방을 두고 갈∨뻔했다./너를 잊을∨뻔했다.(뻔∨했다×)	
뿐	• 의존 명사로 쓰일 때(그러할 따름, 어떠한 상태, 오직 그러함.) 예 너는 종업원일∨뿐이야./친구가 보고 싶을∨뿐이다. • 조사로 쓰일 때(더 이상은 없음.) 예 내가 사랑하는 사람은 너뿐이야./학교에서뿐만 아니라 집에서도 말을 잘 듣는다. ※ 앞말의 받침에 'ㄹ'이 있으면 의존 명사로 간주해 띄어 쓰고, 없으면 조사로 간주하여 붙여 쓴다.	
산	• '산'이 관형사로 쓰이는 경우(뒷말과 띄어 씀.) 예 산∨교육	

구 분	예문 및 설명	비 고
상	• '상(上)'은 접미사(붙여 씀.) 예 영업상, 형편상, 통계상, 역사상 ※ '하(下)'는 의존 명사(띄어 씀.) 　예 인식∨하에, 인솔∨하에, 경제 체제∨하	
새	• 관형사 예 새∨신, 새∨책, 새∨학기, 새∨건물 ※ 한 단어로 쓰이는 것(합성어) : 새싹, 새잎, 새것, 새내기, 새바람, 새살, 새달, 새색시, 새댁, 새아씨, 새신랑, 새장가, 새아빠(새아버지), 새엄마(새어머니), 새장가, 새봄 • 접두사 예 새빨갛다, 새하얗다, 새까맣다	
속	• 껍질로 싸인 물체의 안쪽 부분/일정하게 둘러싸인 것의 안쪽 부분 예 국민들을 공포∨속으로 몰아넣다./영화∨속에서나 가능한 얘기다. ※ 한 단어로 쓰이는 것(합성어) : 물속, 땅속, 산속, 안갯속, 머릿속, 마음속, 바닷속[다만, 숲∨속은 예외(합성어로 인정 안 됨.)]	
수	• 어떤 일을 처리하는 수단이나 수완(명사로 쓰일 때) 예 더 이상 어쩔∨수가 없다./좋은∨수가 없을까? • 어떤 일을 처리하는 수단이나 수완(의존 명사로 쓰일 때) 예 그 소설은 읽을수록 재미있다./사랑하면 할수록 마음이 괴롭다. • 수(數)와 관련하여(관형사로 쓰일 때) 예 수∨킬로미터/수∨톤 • 수(數)와 관련하여(접사로 쓰일 때) 예 수백만 명/수천	
(ㄹ)수록/ -을 수록	• 'ㄹ수록'은 의존 명사가 아니라 어미(∨수록×) 예 공부는 하면 할수록 즐겁다./나이가 들수록 긍정적인 마음을 가져야 한다./책을 읽을수록 지식이 쌓인다.	

구 분	예문 및 설명	비 고
스물다섯/ 스물∨다섯	• 수를 적을 적에는 '만(萬)' 단위로 띄어 쓴다.(《한글 맞춤법》제44항 참조) 예 스물여섯, 서른여섯, 십삼억∨사천삼백육십오만∨삼천사백팔십칠	
시(時)	• 시각을 이를 때 예 우리 내일 열 시에 만나요.(띄어 씀이 원칙)/6시 30분이야.(숫자 뒤는 붙여 씀을 허용) • 어떤 일이나 현상을 이를 때 예 물건을 구입할∨시에는 가격을 따져보고 사야 한다./식사∨시에는 텔레비전을 보지 마라./부재∨시에는 경비실에 맡겨 주세요. ※ 한 단어로 쓰이는 것(합성어) : 필요시, 평상시, 비상시, 유사시	
식	• 의존 명사로 쓰일 때(앞말과 띄어 씀.) 예 그런∨식으로 살지 마라. • 접미사로 쓰일 때(붙여 씀.) 예 계단식(복도식), 개업식, 수료식 • 일부 명사의 뒤에 붙어 예 방정식, 곱셈식, 덧셈식	
신(新)	• 접사(새로운의 뜻) 예 신세대, 신여성, 신세계, 신기록	
씨	• 의존 명사로 쓰일 때(성이나 이름 뒤에 붙여 높여 부르는 말) 예 김∨씨, 최∨씨, 박∨씨 • 접사(성씨 그 자체를 말할 때) 예 그의 성은 김씨입니다.	

구 분	예문 및 설명	비 고

안	• 부사로 쓰일 때('아니'의 준말, 부정이나 반대의 뜻)
	  예 오늘은 날씨가 안∨춥다./아무 일도 안∨하다.
	  ※ 부정문으로 쓰인 경우 띄어 쓰고, 부정문으로 쓰인 경우가 아니면 붙여 씀.
	  예 마음이 안되다(형용사)/일이 안 되다.	

안 되다/
안되다
안 돼다/
안돼다
	• '돼'는 '되어'의 준말
	  예 안 돼요(=안+되어요), 안 돼(=안+되어)
	  ※ '되-'는 '되다'의 어간(되다. 되어, 됩니다)이고, '돼-'는 '되어'의 준말이므로 '되어'를 넣어 말이 되면 '돼'로, 말이 되지 않으면 '되'로 적는다.
	  ※ '안되다/안돼다'처럼 붙여 쓰는 경우
	    ① 일이 생각만큼 풀리지 않을 때(예 오늘은 장사가 잘 안되네.)
	    ② 가엽고 불쌍한 마음이 들 때(예 혼자 있는 것을 보니 참 안됐네.)
	    ③ 근심이나 병으로 인해 얼굴이 많이 상했을 때(예 병원에 입원하더니 얼굴이 많이 안됐구나.)	

양(兩)	• '두 쪽 모두'의 뜻(관형사)
	  예 양∨가르마
	  ※ 한 단어로 쓰이는 것(합성어) : 양쪽, 양가, 양면, 양측	

양(孃)	• 의존 명사로 쓰일 때
	  예 김영희 양, 김지수 양
	• 접사로 쓰일 때
	  예 전화 교환양, 버스 안내양	

양(樣)	• 어떤 모양을 하고 있거나 어떤 행동을 짐짓 취함.(의존 명사) 예 결혼식 하객인∨양 음식을 먹고 있다.	

어느	• 둘 이상의 것 가운데 무엇인지를 물을 때(관형사)
	  예 어느∨것
	  ※ 한 단어로 쓰이는 것(합성어) : 어느덧, 어느새	

구 분	예문 및 설명	비 고
-어지다/ -어하다	• '-어지다', '-어하다'는 모두 붙여 씀. 예) 이루어지다, 예뻐지다/행복해하다, 애통해하다	
어치	• '어치'는 접미사이므로 붙여 씀. 예) 100원어치	
여러	• '수효가 한둘이 아니라 많은'의 뜻(관형사) 예) 여러∨차례 시도했다. ※ 한 단어로 쓰이는 것(합성어) : 여러모로, 여러분	
옛	• '지나간 때'의 뜻 예) 옛∨모습/옛∨친구 ※ 한 단어로 쓰이는 것(합성어) : 옛것, 옛날, 옛길, 옛시조, 옛이야기, 옛집, 옛적, 옛날이야기, 옛꿈, 옛정	
온	• '모두의', '전부의'의 뜻(관형사) 예) 온∨국민/온∨식구 ※ 한 단어로 쓰이는 것(합성어) : 온몸, 온종일, 온밤, 온통	
외딴	• '홀로 떨어진'의 뜻(관형사) 예) 외딴∨시골/외딴∨마을 ※ 한 단어로 쓰이는 것(합성어) : 외딴곳, 외딴섬, 외딴길, 외딴집	
-음직하다/ -음∨직하다	1. 그렇게 할 만한 가치가 있음. 예) 믿음직하다, 먹음직하다 2. 어떤 일이 발생할 가능성이 높음. 예) 부자임∨직한 풍모	
이나마	• 부사로 쓰일 때(좋지 않거나 모자라기는 하지만 이것이라도) 예) 우리 가족이∨이나마 살 수 있게 된 건 자네 덕분이네. • 조사로 쓰일 때(아쉬운 대로) 예) 몸이나마 건강해야지./조금이나마 도움이 되길 바라네.	

구 분	예문 및 설명	비 고
이야말로/ 야말로	• 부사로 쓰일 때(앞말을 강조할 때) 예 걷지 못하던 철수가 뛰기 시작했다. 이야말로 기적 같은 일이다. • 조사로 쓰일 때 예 건강한 몸이야말로 가장 큰 자산이지.(받침 있는 체언 뒤)/너야말로 나의 진정한 친구야.(받침 없는 체언 뒤)	
이∨외에/ 이외에	• 이 외에[이것 외에, 지시대명사 '이'와 의존 명사 '외(外)'가 결합된 경우] 예 교과서와 참고서가 있다. 이∨외에 더 무엇이 필요하겠는가?('이것 외에'의 뜻) • 이외(以外, 일정한 범위나 한도의 밖의 뜻, 명사) 예 세 끼를 굶었더니 먹을 것 이외에는 보이지 않는다.	
자마자	• 어미(붙여 씀.) 예 학원에 도착하자마자 숙제를 했다./그녀를 보자마자 가슴이 뛰었다.	
잘	• 부사로 쓰일 때(옳게, 바르게, 능숙하게, 익숙하게) 예 잘∨잤니?/공을 잘∨차네./사과가 잘∨익었군. ※ 한 단어로 쓰이는 것(합성어) : 잘되다, 잘하다, 잘생기다, 잘나가다, 잘나다, 잘빠지다, 잘살다	
전(前)	• 시점을 뜻하는 경우(명사로 쓰일 때) 예 이틀∨전/방금∨전 • 앞의 높임말 예 부모님 전∨상서(여기서의 '전'은 관형사이므로 뒷말과 띄어 씀.)	
제	• '제'는 접두사이므로 붙여 씀. 예 제1 장, 제3 과, 제2 차 세계 대전, 제3 대 학생 회장 ※ 순서를 나타내는 경우에는 단위 명사와 그 앞의 수관형사를 붙여 쓸 수 있다는 규정(「한글 맞춤법」 제43항)에 따라 '제1 과'처럼 써도 되지만 '제1과'처럼 모두 붙여 쓸 수도 있다. ※ 제2 차 세계 대전(원칙), 제2차세계대전(허용), 제2차 세계대전(×)	

구 분	예문 및 설명	비 고
조(條)	• 어떤 명목이나 조건을 이르는 말 예 보상금∨조로/사례금∨조로/거마비∨조로	
조(調)	• 말투나 태도를 이르는 말(의존 명사) 예 반문하는∨조로/비꼬는∨조로/경멸∨조로/사정∨조로 • 노래의 리듬 따위를 나타내는 단위 예 삼사 조 ※ 한 단어로 쓰이는 것(합성어) : 시비조, 농담조, 경어조, 감탄조, 놀림조, 어조	
주(主)	• 명사/관형사로 쓰일 때(띄어 씀.) 예 우리 모임은 여학생이∨주를 이룬다.(명사)/우리 국군의 주∨무기는 탱크이다.(관형사)	
줄	• 어떤 방법이나 속셈을 이르는 말(의존 명사) 예 나는 연예를 할∨줄 모른다./네가 나를 속일∨줄은 몰랐다.	
중(中)	• 등급, 수준, 차례 따위에서 가운데 또는 중간의 것(의존 명사) 예 수업∨중/회의∨중/통화∨중/식사∨중/이∨중 ※ 한 단어로 쓰이는 것(합성어) : 그중, 무의식중, 부지불식중, 한밤중, 부재중, 야밤중, 은연중, 밤중, 총망중, 허공중, 부지중, 무망중, 무심중, 무의식중, 무언중	
즈음	• 일이 어찌 될 무렵(의존 명사) 예 아침이 될 즈음/학교가 끝날 즈음 ※ 한 단어로 쓰이는 것(합성어) : 요즈음, 이즈음, 고즈음, 그즈음	
지/-ㄴ 지/ -ㄹ 지	• 의존 명사로 쓰일 때(일정 시점으로부터 지금까지, 경과한 시간의 의미) 예 서울에 올라온∨지 10년이 됐다./내가 너를 안∨지 오래구나. • 어미로 쓰일 때 예 취직을 할지 말지 고민이다./혹시 못 갈지도 모른다./그가 올른지 모르겠다.	

구 분	예문 및 설명	비 고
지난	• '지나다'의 관형사형(기간이나 날짜를 뜻하는 명사에 붙어 대부분 한 단어가 됨) ※ 한 단어로 쓰이는 것(합성어) : 지날날, 지난주, 지난달, 지난해, 지난밤, 지난번, 지난봄	
짜리	• '짜리'는 접미사이므로 붙여 씀. 예 얼마짜리	
쯤	• 정도의 뜻(접미사) 예 내일쯤, 얼마쯤, 이쯤	
차(差)	• 의존 명사로 쓰일 때(띄어 씀.) 예 온도 차, 실력 차 ※ 한 단어로 쓰이는 것(합성어) : 시각차, 일교차, 견해차, 개인차	
차(次)	• 의존 명사로 쓰일 때(띄어 씀.) 예 수십∨차 찾아왔지만 만날 수 없었다.(번, 차례)/잠을 자려던∨차에 전화벨이 울렸다.(~ 기회, 순간) • 접미사로 쓰일 때(붙여 씀.) 예 교육차, 인사차, 사업차(목적)	
채	• 의존 명사로 쓰일 때 예 옷을 입은∨채로 잠이 들었다./아파트 한 채 • 접미사로 쓰일 때 예 사랑채, 행랑채	미처, 아직
척	• 그럴 듯하게 꾸미는 모양이나 태도(의존 명사) 예 못이기는∨척 밥을 먹었다./내 말은 들은∨척도 않는다.	시늉, 체
첫	• '처음'의 뜻(관형사) 예 첫∨시험/첫∨월급 ※ 한 단어로 쓰이는 것(합성어) : 첫날, 첫사랑, 첫출발, 첫날밤, 첫닭, 첫아이, 첫눈, 첫인상, 첫돌	

구 분	예문 및 설명	비 고
체	• 그럴 듯하게 꾸미는 모양이나 태도(의존 명사) 예 보고도 못 본∨체 딴전을 부리다./알지도 못하면서 아는 ∨체를 하다.	시늉, 척

총(總)	• 관형사('모두 합하여 몇'의 뜻)
	  예 총∨100여 명/총 16면
	• 접사로 쓰이는 경우
	  예 총출동/총인원/총감독	

치	• 의존 명사로 쓰일 때(띄어 씀.)
	  예 일주일∨치 용돈(몫, 양)/젊은∨치들이 버릇이 없구먼.(사람)/상품이 어제∨치보다 좋다.(물건)
	• 접미사로 쓰일 때(붙여 씀.)
	  예 기대치, 평균치, 한계치, 최고치	

커녕/ ㄴ커녕/ 은커녕/ 는커녕	• '은커녕/는커녕'은 조사 예 밥은커녕 빨래도 안 하고 산다./제주도는커녕 부산에도 못 가봤다.	

통	• 어떤 일이 벌어진 환경이나 판국(의존 명사)
	  예 난리∨통에 뿔뿔이 흩어졌다.
	• ~에 정통한, 전문적인 지식을 갖춘
	  예 연애에는∨통 관심이 없다.
	※ 한 단어로 쓰이는 것(합성어) : 북새통(많은 사람이 아단스럽게 부산을 떠는 상황), 엄벙통(어리둥절하여 정신을 못 차림)	

투(套)	• 버릇처럼 일정하게 굳어진 습관이나 방식 예 비꼬는∨투로 말하지 마라. ※ 한 단어로 쓰이는 것(합성어) : 글투, 말투, 문투, 상투(常套), 어투, 문자투, 변명투	

구 분	예문 및 설명	비 고
터	• 예정, 추측, 의지/처지, 형편(의존 명사) 　예 나는 내일 시장에 갈∨터이다.(예정)/자기 앞가림도 　　 못하는∨터에 남 생각을 한다. 　참조 터+이다→테다 　예 갈테다(×)→갈∨테다	
하고 (인용문 뒤에서)	• '하고'는 동사 '하다'의 활용형(앞말과 띄어 씀.) 　예 "내 가방 좀 들어 줄래?"∨하고 말했다.	
하나 마나	• -나 마나의 구성으로 보아 띄어 씀.(표준국어대사전) 　예 하나∨마나 뻔한 소리는 하지 마라./가보나∨마나 　　 뻔하다.	
하루	• 각각의 단어는 띄어 쓴다. 　예 하루∨종일, 하룻∨동안, 하루∨내내 　※ 한 단어로 쓰이는 것(합성어) : 하루빨리, 하루속히, 하루 　　 아침, 하루하루, 하루걸러, 하루건너	
한	• 수량 　예 한 사람만 사랑한다. • '어떤'의 의미 　예 옛날 한 마을에 가난한 농부가 살았습니다. • '대략'의 의미 　예 한 10억 원만 있었으면 좋겠다. 　※ 한사람/한 사람 　　① 1명의 뜻(예 한∨사람이 당첨되었다.) 　　② 동일한 사람(예 나는 오직 한사람만 사랑할 것이다.)	
한∨번/ 한번	• 한∨번(띄어 씀) : '번(番)'이 차례나 일의 횟수를 나타내는 　의존 명사로 쓰인 경우 　예 한∨번(두∨번, 세∨번) • 한번(붙여 씀.) : '한번 해 보다'와 같이 횟수 '한 번'과는 　다른 의미로 쓰일 때 　예 어디 한번 해 볼까?, 한번 쥐면 절대로 놓지 않는다.	

구 분	예문 및 설명	비 고
할∨텐데	• '할∨텐데'는 '할 터인데'의 준말(띄어 씀.) 예 꼭 합격해야 할 텐데(← 할 터인데), 반드시 승리하고 말 테야(← 말 터이야). 반드시 원수를 갚고 말 테다(← 말 터이다).	
할걸/ 할∨걸	예 형 말을 듣지 않으면 후회할걸?(○)/형 말을 듣지 않으면 후회할∨걸?(×) 참조 위 경우의 '후회할걸'은 어간 '후회하–'에 어미 '–ㄹ걸'이 결합한 말로 '후회할걸'로 붙여 써야 함. 참조 의존 명사 '것'이 들어 있는 경우(띄어 씀.) 예 후회할∨걸(것을) 왜 그랬어?	
허튼	• 관형사('헤프거나 함부로'의 뜻) 예 허튼∨약속/허튼∨말 ※ 한 단어로 쓰이는 것(합성어) : 허튼짓, 허튼사람, 허튼소리, 허튼수작	
헌	• 관형사 예 헌∨책/헌∨옷/헌∨의자 ※ 한 단어로 쓰이는 것(합성어) : 헌것, 헌책방, 헌솜, 헌쇠, 헌신짝, 헌책	
형	• 나이가 비슷하거나 어린 사람을 약간 높여 부르고자 할 때(의존 명사) 예 최∨형, 안∨형, 김∨형 • 자기보다 손윗사람을 이를 때(명사) 예 우리는 형, 아우 하는 사이다.	

외래어 표기법

LOANWORD

쓰기란 마음의 생각을 내 눈을 통해 소통하는 예술이며, 위대한 발명품이다.
- 프레드 캐플란

1. 외래어 표기법

[제1장] 표기의 원칙

- 제1항 외래어는 국어의 현용 24 자모만으로 적는다.
- 제2항 외래어의 1 음운은 원칙적으로 1 기호로 적는다.
- 제3항 받침에는 'ㄱ, ㄴ, ㄹ, ㅁ, ㅂ, ㅅ, ㅇ'만을 쓴다.
- 제4항 파열음 표기에는 된소리를 쓰지 않는 것을 원칙으로 한다.
- 제5항 이미 굳어진 외래어는 관용을 존중하되, 그 범위와 용례는 따로 정한다.

[제2장] 표기 일람표

자음			반모음		모음	
국제음성기호	한글		국제음성기호	음성	국제음성기호	한글
	모음앞	자음 앞 또는 어말				
p	ㅍ	ㅂ, 프	j	이*	i	이
b	ㅂ	브	ɥ	위	y	위
t	ㅌ	ㅅ, 트	w	오, 우*	e	에
d	ㄷ	드			ø	외
k	ㅋ	ㄱ, 크			ɛ	에
g	ㄱ	그			ɛ̃	앵
f	ㅍ	프			œ	외
v	ㅂ	브			œ̃	욍
θ	ㅅ	스			æ	애
ð	ㄷ	드			a	아
s	ㅅ	스			ɑ	아
z	ㅈ	즈			ɑ̃	앙
ʃ	시	슈, 시			ʌ	어
ʒ	ㅈ	지			ɔ	오

자음			반모음		모음	
국제 음성 기호	한글		국제 음성 기호	음성	국제 음성 기호	한글
	모음앞	자음 앞 또는 어말				
ts	ㅊ	츠			ɔ̃	옹
dz	ㅈ	즈			o	오
tʃ	ㅊ	치			u	우
ʤ	ㅈ	지			ə**	어
m	ㅁ	ㅁ			ɚ	어
n	ㄴ	ㄴ				
ɲ	니*	뉴				
ŋ	ㅇ	ㅇ				
l	ㄹ, ㄹㄹ	ㄹ				
r	ㄹ	르				
h	ㅎ	흐				
ç	ㅎ	히				
x	ㅎ	흐				

* [j], [w]의 '이'와 '오, 우', 그리고 [ɲ]의 '니'는 모음과 결합할 때 제3장 표기 세칙에 따른다.
** 독일어의 경우에는 '에', 프랑스어의 경우에는 '으'로 적는다.

[제3장] 표기 세칙

제1항 무성 파열음([p], [t], [k])

1) 짧은 모음 다음의 어말 무성 파열음 [p], [t], [k]는 받침으로 적는다.
   gap 갭, cat 캣, book 북

2) 짧은 모음과 유음, 비음([l], [r], [m], [n]) 이외의 자음 사이에 오는 [p], [t], [k]는 받침으로 적는다.
   apt 앱트, act 액트

3) 어말과 자음 앞의 [p][t][k]는 '으'를 붙여 적는다.

part 파트, sickness 시크니스

제2항 유성 파열음([b], [d], [g])

1) 어말과 모든 자음 앞에 오는 [b], [d], [g]는 '으'를 붙여 적는다.

bulb 벌브, zigzag 지그재그, lobster 로브스터

제3항 마찰음([s], [z], [f], [v], [θ], [ð], [ʃ], [ʒ])

1) 어말 또는 자음 앞의 [s], [z], [f], [v], [θ], [ð]는 '으'를 붙여 적는다.

jazz 재즈, bathe 베이드, thril 스릴

2) 어말의 [ʃ]는 '시'로 적고, 자음 앞의 [ʃ]는 '슈'로, 모음 앞의 [ʃ]는 뒤따르는 모음에 따라 '샤, 섀, 셔, 셰, 쇼, 슈, 시'로 적는다.

flash 플래시, shank 섕크, fashion 패션

3) 어말 또는 자음 앞의 [ʒ]는 '지'로 적고, 모음 앞의 [ʒ]는 'ㅈ'으로 적는다.

mirage 미라지(신기루), vision 비전

제4항 파찰음([ts], [dz], [tʃ], [ʤ])

1) 어말 또는 자음 앞의 [ts][dz]는 '츠', '즈'로 적고, [tʃ][ʤ]는 '치', '지'로 적는다.

Keats 키츠, switch 스위치, bridge 브리지

2) 모음 앞의 [tʃ][ʤ]는 'ㅊ', 'ㅈ'으로 적는다.
> chart 차트, virgin 버진

제5항 비음 [m], [n], [ŋ]

1) 어말 또는 자음 앞의 비음은 모두 받침으로 적는다.
> steam 스팀, corn 콘

2) 모음과 모음 사이의 [ŋ]은 앞 음절의 받침 'ㅇ'으로 적는다.
> hanging 행잉, longing 롱잉

제6항 유음([l])

1) 어말 또는 자음 앞의 [l]은 받침으로 적는다.
> hotel 호텔, pulp 펄프

2) 어중의 [l]이 모음 앞에 오거나, 모음이 따르지 않는 비음([m], [n]) 앞에 올 때에는 'ㄹㄹ'로 적는다. 다만, 비음([m], [n]) 뒤의 [l]은 모음 앞에 오더라도 'ㄹ'로 적는다.
> slide 슬라이드, film 필름 / Hamlet 햄릿, Henley 헨리

제7항 장모음의 장음은 따로 표기하지 않는다.
> team 팀, route 루트

제8항 중모음 [ai], [au], [ei], [ɔi], [ou], [auə]는 각 단모음의 음가를 살려 적되, [ou]는 '오'로, [auə]는 '아워'로 적는다.
> time 타임, oil 오일, boat 보트, tower 타워

제9항 반모음([w], [j])

1) [w]는 뒤따르는 모음에 따라 [wə], [wɔ], [wou]는 '워' [wa]는 '와', [wæ]는 '왜', [we]는 '웨', [wi]는 '위', [wu]는 '우'로 적는다.
   word 워드 woe 워, wander 완더, witch 위치, wag 왜그

2) 자음 뒤에 [w]가 올 때에는 두 음절로 갈라 적되, [gw][hw][kw]는 한 음절로 붙여 씀.
   whistle 휘슬, quarter 쿼터

3) 반모음 [j]는 뒤따르는 모음과 합쳐 '야', '얘', '여', '예', '요', '유', '이'로 적는다. 다만 [d], [l], [n] 다음에 [jə]가 올 때에는 각각 '디어', '리어', '니어'로 적는다.
   yank 앵크(확 잡아당기다. 해고하다), yawn 욘(하품하다), year 이어 Indian 인디언, union 유니언

2. 외래어 표기 용례

A

A/a 에이
Abel 에이벌(태풍)
aberration 애버레이션
absolute music 앱설루트 뮤직
acacia 아카시아
academy 아카데미
a cappella 아 카펠라
accelerator 액셀러레이터
accent 악센트
access 액세스
accessory 액세서리
accordion 아코디언
accumulator 어큐뮬레이터
ace 에이스
acetate 아세테이트
acetone 아세톤
acetylene 아세틸렌
Achilles 아킬레스
achromycin 아크로마이신
acre 에이커
Acropolis 아크로폴리스
acrylamide 아크릴아미드
actinium 악티늄
action 액션
active 액티브
actuator 액추에이터
adagio 아다지오
adapter 어댑터
ad balloon 애드벌룬
ade 에이드
adenine 아데닌
adjuster 어저스터
ad lib 애드리브
adrenaline 아드레날린
advantage 어드밴티지
Aeolian harp 에올리언 하프
aeration 에어레이션
aerobic 에어로빅
aerofoil 에어로포일
aerosol 에어로졸
Aesop 이솝
Aeta 아에타
aflatoxin 아플라톡신
after service 애프터서비스

agapē 아가페
agency 에이전시
agenda 어젠다
aging 에이징
agrément 아그레망
Aida 아이다
Ainu 아이누
Aion 아이온
air 에어
air bag 에어백
air band 에어 밴드
air brake 에어 브레이크
airbrush 에어브러시
air conditioner 에어컨디셔너(→ 에어컨)
air dome 에어돔
air filter 에어 필터
airfoil 에어포일
air show 에어쇼
airspray 에어스프레이
akela 아켈라
akmeizm 아크메이즘
al-Qaeda 알카에다
alabaster 앨러배스터
alanine 알라닌
alarm 알람
albatross 앨버트로스
albino 알비노
album 앨범
albumin 알부민
alclad 알클래드
ALCOA 알코아
alcohol 알코올
alcohol lamp 알코올램프
aldehyde 알데히드
aldol 알돌
Aleut 알류트
Alex 알렉스(태풍)
alexin 알렉신
algin 알긴
algorithm 알고리듬
alibi 알리바이
alignment 얼라인먼트
Alinamin 알리나민
alite 에일라이트

alkali 알칼리
alkaloid 알칼로이드
alkyl sulfate 알킬설페이트
all-night 올나이트
all-round 올라운드
alla 알라
allegory 알레고리
allegro 알레그로
alleluia 알렐루야(= 할렐루야)
allemande 알망드
Allergie 알레르기
alligator 앨리게이터
al loco 알 로코
Allosaurus 알로사우루스
almond 아몬드
alocasia 알로카시아
aloe 알로에
Aloha oe 알로하 오에
alpha(α) 알파
alphabet 알파벳
alpine 알파인
Altai 알타이
alto 알토
altruism 앨트루이즘
alumina 알루미나
aluminium 알루미늄
alumite 알루마이트
amabile 아마빌레
amalgam 아말감
Amarna 아마르나
amateur 아마추어
amber 앰버
amberlite 앰벌라이트
ambulance 앰뷸런스
amen 아멘
American Indian 아메리칸 인디언
amethyst 애미시스트
amide 아미드
Amiens 아미앵
amine 아민
aminobenzene 아미노벤젠
aminoglycoside 아미노글리코사이드
ammonia 암모니아
ammonite 암모나이트
ammonium 암모늄
amoeba 아메바
amore 아모레
ampere 암페어
amphora 암포라

ampicillin 암피실린
amplestyle 앰플스타일
amplifier 앰플리파이어(→ 앰프)
ampoule 앰풀
Ampere 암페어
amyloid 아밀로이드
amylopectin 아밀로펙틴
anachronism 아나크로니즘
anaconda 아나콘다
analgin 아날긴
analog 아날로그
analytic 애널리틱
analyzer 애널라이저
anarchism 아나키즘
anarchist 아나키스트
anatoxin 아나톡신
anchor 앵커
anchor ball 앵커볼
anchor man 앵커맨
Andalusian 안달루시안
andante 안단테
androgen 안드로겐
android 안드로이드
Andromeda 안드로메다
anemone 아네모네
Anergie 아네르기
anethole 아네톨
angel 에인절
angelfish 에인절피시
angle 앵글
angle joint 앵글 조인트
Anglo-Saxon 앵글로색슨
angstrom 옹스트롬
angular contact 앵귤러 콘택트
aniline 아닐린
animalism 애니멀리즘
animation 애니메이션
animator 애니메이터
animism 애니미즘
animus 아니무스
Anisakis 아니사키스
anise 아니스
anisidine 아니시딘
ankle boots 앵클부츠
Ann 앤(태풍)
annealing 어닐링
announcer 아나운서
anoa 아노아
anomie 아노미

ANSI 안시
Antar 안타르
antenna 안테나
anthem 앤섬
anthocyan 안토시안
anthology 앤솔러지
anthracene 안트라센
anti-roman 앙티로망
antiauxin 안티옥신
antichrist 안티크리스트
anticorona 안티코로나
anticreeper 앤티크리퍼
antidumping 앤티덤핑
antiknock 앤티노크
Antimon 안티몬
antique 앤티크
Antithese 안티테제
antitoxin 안티톡신
antivitamin 안티비타민
anvil 앤빌
Apache 아파치
apartheid 아파르트헤이트
apatheia 아파테이아
APEC 에이펙
Aphanomyces 아파노미세스
aphorism 아포리즘
apin 아핀
apiton 아피통
aplite 애플라이트
Apochromat 아포크로마트
Apollon 아폴론
apomorphine 아포모르핀
aporia 아포리아
apostrophe 아포스트로피
apparel 어패럴
appeal 어필
appetizer 애피타이저
apple fritter 애플 프리터
apple pie 애플파이
applet 애플릿
application 애플리케이션
approach 어프로치
apron 에이프런
aqualung 애퀄렁
aquamarine 아콰마린
aquatint 애쿼틴트
aquilegia 아퀼레지아
arabesque 아라베스크
Arabian nights 아라비안나이트

Arbeit 아르바이트
arboreum 아르보레움
Arbos 아르보스
arbovirus 아르보바이러스
arc 아크
arcade 아케이드
arch 아치
arche 아르케
archetype 아키타이프
architecture 아키텍처
archon 아르콘
arco 아르코
are 아르
area 에어리어
arena 아레나
arete 아레테
arginine 아르기닌
argon 아르곤
aria 아리아
Arie 아리
arietta 아리에타
arizonite 애리조나이트
arkosite 아르코사이트
arlecchino 아를레키노
arm 암
armadillo 아르마딜로
armature 아마추어
Armco 암코
armguard 암가드
armhole 암홀
arming hole 아밍 홀
armor rod 아머 로드
aromatic 애로매틱
arowana 아로와나
arpeggio 아르페지오
arquerite 아케라이트
array 어레이
articulator 아티큘레이터
art nouveau 아르 누보
artotype 아토타이프
art rock 아트 록
Arya 아리아
ASAT 에이샛
asbestos 아스베스토스
ascon 아스콘
ASEAN 아세안
ASEM 아셈
ash hopper 애시 호퍼
ASPAC 아스팍

B

B/b 비
Babel 바벨
Babism 바비즘
Babs 뱁스(태풍)
baby boom 베이비 붐
Babylon 바빌론
baby oil 베이비오일
baby powder 베이비파우더
bacillus 바실루스
back 백
back-light 백라이트
back-sight 백사이트
back-space key 백스페이스키
back-up file 백업 파일
Backal 바칼
backboard 백보드
back boundary line 백 바운더리 라인
backcourt 백코트
back drop 백 드롭
backet 배킷
backfire 백파이어
back gear 백 기어
background 백그라운드
backhand 백핸드
backlash 백래시
back mirror 백미러
back number 백넘버
back pass 백 패스
backup 백업
bacon 베이컨
bacteria 박테리아
bacteriophage 박테리오파지
badge 배지
badminton 배드민턴
baffle 배플
bag 백
bagasse 버개스
baggy pants 배기팬츠
bagpipe 백파이프
baguette 바게트
Bahaism 바하이즘
baht 바트
bail 베일
bainite 베이나이트
bakelite 베이클라이트
baking powder 베이킹파우더

balance 밸런스
balazone 발라존
balboa 발보아
balcony 발코니
bale 베일
balk 보크
ball 볼
ballad 발라드
ballast 밸러스트
ball bearing 볼 베어링
ballerina 발레리나
ballet 발레
ballistic 벌리스틱
ball mill 볼밀
ballo 발로
ball pen 볼펜
balsam 발삼
Bāmiān 바미안
banadinite 바나디나이트
banana 바나나
band 밴드
bandage 밴디지
band cuffs 밴드 커프스
bangarô 방가로
banjo 밴조
bank 뱅크
bantam 밴텀
bar 바
bar-girl 바걸
baraque 바라크
barbarism 바버리즘
barbecue 바비큐
barbell 바벨
barberry 바베리
barbital 바르비탈
barcarola 바르카롤라
bar code 바코드
bar folder 바 폴더
bargain sale 바겐세일
barge 바지
bariquant 바리캉
barite 바라이트
baritone 바리톤
barium 바륨
barn 반
barometer 바로미터

baroque 바로크
baroswitch 바로스위치
barrel 배럴
barricade 바리케이드
Bart 바트(태풍)
bartender 바텐더
barter 바터
bartlett 바틀릿
base 베이스
baseball 베이스볼
base camp 베이스캠프
BASIC 베이식
basil 바질
basilica 바실리카
basilisk 바실리스크
basket 바스켓
Basque 바스크
bass 배스
bassoon 바순
bat 배트
batch 배치
batching plant 배칭 플랜트
bath 배스
bathyscaphe 바티스카프
batiste 바티스트
baton 배턴
battery 배터리
batting 배팅
battle jacket 배틀재킷
baud 보
Bauhaus 바우하우스
baumé 보메
bauxite 보크사이트
bayerite 베이어라이트
bayonet 베이어닛
bazar 바자
bazooka 바주카
bdellium 브델륨
beach parasol 비치파라솔
beacon 비컨
bead 비드
beading 비딩
beadle 비들
beagle 비글
beaker 비커
beam 빔
bean ball 빈 볼
beard 비어드
bearing 베어링

beat 비트
beauty 뷰티
beaver 비버
bebop 비밥
becket 베킷
beclomethasone 베클로메타손
bed 베드
bedplate 베드플레이트
bed scene 베드 신
bed town 베드타운
beef 비프
beef cutlet 비프커틀릿
beefsteak 비프스테이크
beef stew 비프스튜
beer 비어
beet 비트
begaton 베가톤
begonia 베고니아
beguine 비긴
beige 베이지
bell 벨
bellows 벨로스
belly dance 벨리 댄스
belt 벨트
beltline 벨트라인
ben 벤
bench 벤치
bench-mark 벤치마크
bench-marking 벤치마킹
bend 벤드
bending 벤딩
beneficium 베네피키움
bengala 벵갈라
bent 벤트
benthos 벤토스
bentonite 벤토나이트
benzaldehyde 벤조알데히드
benzene 벤젠
benzoate 벤조에이트
benzoyl 벤조일
bergamotte 베르가모트
berkelium 버클륨
Bermuda pants 버뮤다팬츠
berth 버스
beryllium 베릴륨
best 베스트
best seller 베스트셀러
beta(β) 베타
betamethasone 베타메타손

beta tester 베타테스터
Beth 베스(태풍)
betta 베타
bevel 베벨
beylisme 벨리슴
bharal 바랄
bi-metal 바이메탈
biacetyl 비아세틸
bias 바이어스
biathlon 바이애슬론
bible 바이블
bicillinum 비실린
bicology 바이콜로지
bidet 비데
Biela 비엘라
biennale 비엔날레
bifidus 비피두스
big bang 빅뱅
big game 빅게임
bighorn 빅혼
big news 빅뉴스
bikini 비키니
bilge 빌지
billboard 빌보드
billet 빌릿
bimetal 바이메탈
bind 바인드
binder 바인더
Bing 빙(태풍)
bingo 빙고
binnacle 비너클
bioautography 바이오오토그래피
biochip 바이오칩
biofarm 바이오팜
biofeedback 바이오피드백
biology 바이올로지
biomechanics 바이오메카닉스
biometry 바이오메트리
bionics 바이오닉스
biopak 바이오팩
bioreactor 바이오리액터
biorhythm 바이오리듬
bios 비오스
biosensor 바이오센서
biotechnology 바이오테크놀로지
biotin 비오틴
birdie 버디
bird's eye 버즈아이
birr 비르

biscuit 비스킷
bishop 비숍
bismuth 비스무트
bit 비트
bite 바이트
bitmap 비트맵
black 블랙
black box 블랙박스
black coffee 블랙커피
black comedy 블랙 코미디
black hole 블랙홀
blacklist 블랙리스트
black market 블랙마켓
Black Power 블랙 파워
blade 블레이드
blake 블레이크
blanching 블랜칭
blank 블랭크
Blanquisme 블랑키슴
blast 블라스트
blazer 블레이저
bleed 블리드
blend 블렌드
blind 블라인드
blizzard 블리자드
block 블록
blockbuster 블록버스터
blocker 블로커
blond 블론드
bloodstone 블러드스톤
bloom 블룸
bloomer 블루머
blotch 블로치
blouse 블라우스
blow 블로
blow-by 블로바이
blower 블로어
blue 블루
blue-collar 블루칼라
blue-denim 블루데님
blue belt 블루벨트
blue chip 블루칩
bluegill 블루길
blue jeans 블루진
blues 블루스
boa 보아
board 보드
boat 보트
bobsleigh 봅슬레이

bode 보드
body 보디
bodyguard 보디가드
body language 보디랭귀지
body painting 보디 페인팅
bogey 보기
Bohemian 보헤미안
boiled 보일드
boiler 보일러
bold 볼드
bolero 볼레로
bolometer 볼로미터
Bolshevism 볼셰비즘
bolster 볼스터
bolt 볼트
Bol'sheviki 볼셰비키
Bol'shoi 볼쇼이
bombarde 봉바르드
Bombe 봄베
bond 본드
bonellia 보넬리아
bonnet 보닛
bonus 보너스
booby 부비
boogie 부기
book end 북엔드
book match 북 매치
boom 붐
boomerang 부메랑
booster 부스터
bootee 부티
booting 부팅
boots 부츠
bootstrap 부트스트랩
bop 밥
bore 보어
boring 보링
bortz 보츠
borzoi 보르조이
bosh 보시
boss 보스
bossa nova 보사노바
bottleneck 보틀넥
bottom 보텀
botulinum 보툴리눔
bounce 바운스
boundary 바운더리
bouquet 부케
bourbon 버번

bourgeois 부르주아
bourgeoisie 부르주아지
bovarysme 보바리슴
bow 보
bowing 보잉
bowl 볼
bowling 볼링
bowsing gear 바우싱 기어
bowstring 보스트링
bow tie 보타이
box 박스
boycott 보이콧
Boy Scouts 보이 스카우트
bra 브라
brace 브레이스
brachiation 브래키에이션
brachiosaurus 브라키오사우루스
bracket 브래킷
Brahman 브라만
braid 브레이드
brain 브레인
brainstorming 브레인스토밍
brake 브레이크
brakeshoe 브레이크슈
branch 브랜치
brand 브랜드
brandy 브랜디
brassiere 브래지어
bravo 브라보
bread 브레드
break dancing 브레이크댄싱
breakdown 브레이크다운
breast 브레스트
breather valve 브리더 밸브
breeder 브리더
briar 브라이어
brick 브릭
bridge 브리지
Bridge Loan 브리지 론
briefing 브리핑
briefs 브리프
brilliant 브릴리언트
brine 브라인
brine shrimp 브라인슈림프
Britannica 브리태니커
British style 브리티시스타일
brix 브릭스
broach 브로치
brocade 브로케이드

C

C/c 시
cabaletta 카발레타
cabaret 카바레
cabbage 캐비지
cabinet 캐비닛
cable car 케이블카
cache 캐시
CAD 캐드
caddie 캐디
Cadillac 캐딜락
cadmium 카드뮴
cafeteria 카페테리아
caffeine 카페인
café 카페
cage 케이지
cahnite 카나이트
cake 케이크
calcitonin 칼시토닌
calcium 칼슘
caldera 칼데라
calendar 캘린더
calibrator 캘리브레이터
calidonite 칼리도나이트
calipers 캘리퍼스
caliph 칼리프
call 콜
called game 콜드 게임
call girl 콜걸
callipers 캘리퍼스
call loan 콜론
call money 콜머니
call taxi 콜택시
calorie 칼로리
calpis 칼피스
Calvinisme 칼뱅이슴
calypso 칼립소
CAM 캠
camber 캠버
Cambridge 케임브리지
camel 캐멀
cameo 카메오
cameraman 카메라맨
camp 캠프
campaign 캠페인
campfire 캠프파이어
campine 캠핀
camping car 캠핑카
campus 캠퍼스
can 캔
Canaan 가나안
canapé 카나페
canaria 카나리아
canarin 카나린
candela 칸델라
candida 칸디다
candle 캔들
candy 캔디
canoe 카누
canopy 캐노피
cant 캔트
cantabile 칸타빌레
canvas 캔버스
canyon 캐니언
canzone 칸초네
cap 캡
capacitance 커패시턴스
cape 케이프
capeline 캐플린
capo 카포
cappella 카펠라
capping 캐핑
capreomycin 카프레오마이신
capriccio 카프리치오
caprice 카프리스
capsid 캡시드
capstan 캡스턴
capsule 캡슐
caption 캡션
capture 캡처
caramel 캐러멜
carat 캐럿
caravane 카라반
caraway 캐러웨이
carbide 카바이드
carbine 카빈
carbinol 카르비놀
carbon 카본
carbonite 카보나이트
carburetor 카뷰레터
car center 카센터
card 카드
career 커리어

car ferry 카페리	Catholic 가톨릭
cargo 카고	caulking 코킹
caricature 캐리커처	cavalier 카발리에
Carlo 칼로(태풍)	caviar 캐비아
Carmen 카르멘	ceiling 실링
carmine 카민	celery 셀러리
carnation 카네이션	cell 셀
carnival 카니발	cellist 첼리스트
carol 캐럴	cello 첼로
carotenoid 카로티노이드	cellobiose 셀로비오스
carotin 카로틴	cellophane 셀로판
car parade 카퍼레이드	cellular 셀룰러
carpet 카펫	cembalo 쳄발로
car phone 카폰	cement 시멘트
car pool 카풀	cementation 시멘테이션
carriage 캐리지	census 센서스
carrier 캐리어	cent 센트
carrolite 캐롤라이트	center 센터
carrot 캐럿	centigram 센티그램
cart 카트	centiliter 센티리터
cartel 카르텔	cento 첸토
cartoon 카툰	cephalus 세팔루스
cartridge 카트리지	ceramics 세라믹
case 케이스	Ceratium 세라튬
casein 카세인	cereal 시리얼
cash flow 캐시 플로	cerium 세륨
cashmere 캐시미어	cermet 서멧
casing 케이싱	cesium 세슘
casino 카지노	cetane 세탄
cassette 카세트	chain 체인
Cassiopeia 카시오페이아	chair lift 체어리프트
cast 캐스트	chalk 초크
castable 캐스터블	challenger 챌린저
castanets 캐스터네츠	chamber 체임버
castella 카스텔라	chameleon 카멜레온
caster 캐스터	chamois 섀미
casting vote 캐스팅 보트	chamotte 샤모트
casual 캐주얼	champagne 샴페인
casual wear 캐주얼웨어	champion 챔피언
cat 캣	chance 찬스
catacomb 카타콤	chandelier 샹들리에
catalog 카탈로그	change 체인지
catch 캐치	change-up 체인지업
catcher 캐처	channel 채널
catchphrase 캐치프레이즈	chanson 샹송
category 카테고리	chant 찬트
caterpillar 캐터필러	chaos 카오스
catharsis 카타르시스	chapeau 샤포
cathode 캐소드	chapel 채플

character 캐릭터
charge 차지
charisma 카리스마
chart 차트
Chartism 차티즘
chase 체이스
chassis 섀시
chatting 채팅
chauvinism 쇼비니즘
check 체크
check-in 체크인
check-out 체크아웃
check list 체크 리스트
cheer girl 치어걸
cheese 치즈
cheetah 치타
chemical 케미컬
chemise 슈미즈
cherry 체리
chess 체스
chesterfield 체스터필드
chewing gum 추잉 검
chicken 치킨
chicle 치클
chicory 치커리
Chihuahua 치와와
chili 칠리
chili sauce 칠리소스
chilled 칠드
Chilodonella 킬로도넬라
chime 차임
chime bell 차임벨
chimpanzee 침팬지
Chinatown 차이나타운
chinchilla 친칠라
Chinook 치누크
chip 칩
chipboard 칩보드
chipping 치핑
chip shot 칩 샷
chlamydia 클라미디아
chlorella 클로렐라
chlorination 클로리네이션
chlorodyne 클로로다인
chloronaphthalene 클로로나프탈렌
chock 촉
chocolate 초콜릿
choke 초크
cholera 콜레라

cholesterol 콜레스테롤
choline 콜린
chondrite 콘드라이트
chop 촙
chopper 초퍼
chorale 코랄
chorus 코러스
Christian 크리스천
Christmas 크리스마스
chrom 크롬
chroma-key 크로마키
chromatic 크로매틱
chromatogram 크로마토그램
chronoscope 크로노스코프
chuck 척
chunk 청크
chymosin 키모신
chymotrypsin 키모트립신
cider 사이다
cigar 시가
cimentation 시멘테이션
Cinderella 신데렐라
cinecamera 시네카메라
circle 서클
circuit 서킷
circular 서큘러
circus 서커스
citrinin 시트리닌
citron 시트론
cladding 클래딩
claim 클레임
clamp 클램프
clap 클랩
clapperboard 클래퍼보드
clarinet 클라리넷
class 클래스
classic 클래식
clat 클랫
clay 클레이
cleaner 클리너
cleaning 클리닝
cleansing 클렌징
cleanup 클린업
clear 클리어
clearance 클리어런스
cleat 클리트
cleek 클리크
clevis 클레비스
click 클릭

client 클라이언트
climax 클라이맥스
clinch 클린치
clinic 클리닉
clip 클립
clipart 클립아트
clipboard 클립보드
clipper 클리퍼
clitoris 클리토리스
clock 클록
clone 클론
close-up 클로즈업
closed mortgage 클로즈드 모기지
Clostridium 클로스트리듐
cloth 클로스
clover 클로버
club 클럽
cluster 클러스터
clutch 클러치
CMOS 시모스
coach 코치
coak 코크
coal tar 콜타르
coaming 코밍
coast 코스트
coat 코트
coating 코팅
cobalt 코발트
COBOL 코볼
cobra 코브라
cocaine 코카인
coccidium 콕시듐
cocductor pipe 컨덕터 파이프
cocentration 콘센트레이션
cochin 코친
cock 콕
cocking 코킹
cocktail 칵테일
cocoa 코코아
coconut 코코넛
coctrol shaft 컨트롤 샤프트
code 코드
coding 코딩
coffee 커피
coffeepot 커피포트
coffee set 커피세트
coffee shop 커피숍
cofferdam 코퍼댐
coffin 코핀

cognac 코냑
coil 코일
cokes 코크스
coking 코킹
cola 콜라
Colbertisme 콜베르티슴
cold-press 콜드프레스
cold chain 콜드 체인
cold cream 콜드크림
colicin 콜리신
collage 콜라주
collagen 콜라겐
collar 칼라
collection 컬렉션
collector 컬렉터
college 칼리지
collie 콜리
colloid 콜로이드
colon 콜론
Colonia 콜로니아
color 컬러
colorful 컬러풀
colorist 컬러리스트
color rinse 컬러린스
Colosseum 콜로세움
columbite 컬럼바이트
column 칼럼
columnist 칼럼니스트
coma 코마
combination 콤비네이션
combine 콤바인
combiner 컴바이너
combing 코밍
comeback 컴백
COMECON 코메콘
comedy 코미디
Comex 코멕스
comfrey 컴프리
comic 코믹
Cominform 코민포름
Comintern 코민테른
comma 콤마
command 커맨드
comment 코멘트
commission 커미션
commissioner 커미셔너
common 코먼
communalism 커뮤널리즘
communication 커뮤니케이션

community 커뮤니티
compact 콤팩트
compact disk 콤팩트디스크
comparator 콤퍼레이터
compass 컴퍼스
compile 컴파일
compiler 컴파일러
complex 콤플렉스
component 컴포넌트
composition 콤퍼지션
compound 콤파운드
compressor 컴프레서
computer 컴퓨터
computopia 컴퓨토피아
comune 코무네
con 콘
concert 콘서트
concert hall 콘서트홀
concerto 콘체르토
concise 콘사이스
Conclave 콘클라베
concours 콩쿠르
concrete 콘크리트
condenser 콘덴서
condition 컨디션
conditioner 컨디셔너
condom 콘돔
condominium 콘도미니엄
conductance 컨덕턴스
conductor 컨덕터
cone 콘
conference 콘퍼런스
connector 커넥터
consent 콘센트
console 콘솔
consommé 콩소메
consortium 컨소시엄
constantan 콘스탄탄
consul 콘술
consultant 컨설턴트
contact 콘택트
contact lens 콘택트렌즈
container 컨테이너
conte 콩트
contents 콘텐츠
contest 콘테스트
contrabass 콘트라베이스
contrast 콘트라스트
control 컨트롤

conté 콩테
conventional 컨벤셔널
convergence 컨버전스
converter 컨버터
conveyor 컨베이어
cook 쿡
cookie 쿠키
cooking foil 쿠킹 포일
cooler 쿨러
coordination 코디네이션(→ 코디)
coordinator 코디네이터
copal 코펄
cope 코프
copperhead 코퍼헤드
copra 코프라
copula 코퓰러
copy 카피
copywriter 카피라이터
cord 코드
cording 코딩
core 코어
cork 코르크
corn 콘
corn chip 콘칩
corner 코너
corner kick 코너킥
cornet 코넷
cornflakes 콘플레이크
corn flour 콘플라워
corn syrup 콘 시럽
corona 코로나
coronagraph 코로나그래프
correction 커렉션
corsage 코르사주
corset 코르셋
cosine 코사인
cosmopolitan 코즈모폴리턴
cosmos 코스모스
cost 코스트
cotangent 코탄젠트
cottage 코티지
counselor 카운슬러
count 카운트
countdown 카운트다운
counterblow 카운터블로
counterpunch 카운터펀치
countess 카운티스
country club 컨트리클럽
couple 커플

coupler 커플러
coupon 쿠폰
coupé 쿠페
course 코스
court 코트
cover 커버
cover story 커버스토리
cowboy 카우보이
cowl 카울
cox 콕스
coyote 코요테
crabbing 크래빙
crack 크랙
cracker 크래커
cracking 크래킹
craft 크라프트
cramp 크램프
crane 크레인
crank 크랭크
crankcase 크랭크케이스
crankpin 크랭크핀
crankshaft 크랭크샤프트
crape 크레이프
crash 크래시
crater 크레이터
crawl 크롤
crayon 크레용
crazing 크레이징
cream 크림
cream soup 크림수프
creator 크리에이터
credit card 크레디트 카드
creel 크릴
creep 크리프
crepe 크레이프
crescendo 크레셴도
crick 크릭
cricket 크리켓
crimp 크림프
crisis 크라이시스
Cro-Magnon 크로마뇽
crochet 크로셰
crocodile 크로커다일
crocus 크로커스
croissant 크루아상
croquet 크로케
croquette 크로켓
cross 크로스
cross-country 크로스컨트리

crossbar 크로스바
crossover 크로스오버
crown 크라운
crowning 크라우닝
cruise 크루즈
crumble 크럼블
crush 크러시
crust 크러스트
crutch 크러치
crystal 크리스털
cube 큐브
cubism 큐비즘
cubit 큐빗
cue 큐
cuffs 커프스
cunnilingus 쿤닐링구스
cunning 커닝
Cuore 쿠오레
cup 컵
cupcake 컵케이크
cupola 큐폴라
curb 커브
curd 커드
curite 큐라이트
curium 퀴륨
curl 컬
curler 컬러
curling 컬링
curriculum 커리큘럼
curried rice 카레라이스
curry 카레
cursor 커서
curtain 커튼
curtain call 커튼콜
curtain wall 커튼 월
curtis 커티스
curve 커브
cushion 쿠션
custard 커스터드
cut 컷
cuticle 큐티클
cutlet 커틀릿
cut line 컷라인
cutoff 컷오프
cutout 컷아웃
cutter 커터
cutterhead 커터헤드
cutting wheel 커팅 휠
cyan 시안

D

D/d 디
Dacron 데이크론
dadaism 다다이즘
daemōn 다이몬
dahlia 달리아
daily spread 데일리스프레드
daimonion 다이모니온
daisy 데이지
dakhma 다흐마
Dakota 다코타
Dalai Lama 달라이 라마
Dale 데일(태풍)
Dalmatian 달마티안
dam 댐
damask 다마스크
dammar 다마르
damper 댐퍼
Dan 댄(태풍)
dance 댄스
dance hall 댄스홀
dance party 댄스파티
dancer 댄서
dandyism 댄디즘
Dane 데인
danza 단차
daonella 다오넬라
da prima 다 프리마
darbucca 다르부카
dark horse 다크호스
Darwinism 다위니즘
Dasein 다자인
dash 대시
data 데이터
data bank 데이터 뱅크
data base 데이터베이스
data file 데이터 파일
date 데이트
David 데이비드(태풍)
Dawn 돈(태풍)
dead ball 데드 볼
deadeye 데드아이
deadline 데드라인
dealer 딜러
death mask 데스마스크
debug 디버그
debugging 디버깅

début 데뷔
Debye 디바이
deca 데카
décadence 데카당스
décalcomanie 데칼코마니
Decalin 데칼린
decalogue 데카로그
Decameron 데카메론
decamethonium 데카메토니움
decane 데칸
decare 데카르
deci 데시
decibel 데시벨
decigram 데시그램
deciso 데치소
deck 덱
declamation 데클러메이션
decode 디코드
decoration 데커레이션
decrescendo 데크레셴도
dedendum 디덴덤
deep 디프
default 디폴트
DEFCON 데프콘
defence 디펜스
deficiendo 데피치엔도
deflate 디플레이트
deflation 디플레이션
déformation 데포르마시옹
déformer 데포르메
dégagement 데가주망
degree day 디그리데이
dekabrist 데카브리스트
delaware 델라웨어
delay 딜레이
delicato 델리카토
Delicious 딜리셔스
delivery order 딜리버리 오더
delphinine 델피닌
delta(δ) 델타
demagogism 데마고기즘
Demian 데미안
Deminform 데민포름
demo 데모
democracy 데모크라시
demotic 데모틱

demultiplexer 디멀티플렉서
denarius 데나리온
dendrobium 덴드로븀
Deneb 데네브
Denebola 데네볼라
dengue 뎅기
denier 데니어
denim 데님
denomination 디노미네이션
densitometer 덴시토미터
department store 디파트먼트 스토어
depression 디프레션
Depsid 데프지트
Derby tie 더비타이
derrick 데릭
derris 데리스
descant 데스캔트
desiccator 데시케이터
design 디자인
designer 디자이너
desk 데스크
desktop 데스크톱
desmoceras 데스모케라스
desmopressin 데스모프레신
desmosome 데스모솜
dessert 데세르
dessert 디저트
dessin 데생
detail 디테일
detector 디텍터
détente 데탕트
detonation 데토네이션
deuce 듀스
deuterium 듀테륨
deuteron 듀테론
Deutsch 도이치
device 디바이스
devitroceramics 데비트로세라믹스
dewberry 듀베리
DEWKS 듀크스
dexamethasone 덱사메타손
dextrin 덱스트린
dhole 돌
diabolo 디아볼로
diadochoi 디아도코이
diagram 다이어그램
dial 다이얼
dialogue 다이얼로그
dialysis 다이알리시스

Diamant 디아망
diamine 디아민
diamond 다이아몬드
diamylamine 디아밀아민
diaphragm 다이어프램
diary 다이어리
Diaspora 디아스포라
diastem 다이어스템
Diathermie 디아테르미
diatonic 다이어토닉
diazepam 디아제팜
diazine 다이아진
diazole 디아졸
diazomethane 디아조메탄
diazonium 디아조늄
Dibenaminum 디베나민
diborane 디보란
dibucaine 디부카인
Dicainum 디카인
dice 다이스
dickey 디키
dictator 딕타토르
dictyonema 딕티오네마
dictyophyllum 딕티오필룸
dicumarol 디쿠마롤
Dicyan 디시안
didymium 디디뮴
die 다이
dieldrin 디엘드린
diesel 디젤
diestock 다이스톡
diet 다이어트
differential 디퍼렌셜
diffuser 디퓨저
digital 디지털
digitizer 디지타이저
diketone 디케톤
dilatancy 다일레이턴시
dilemma 딜레마
dilettante 딜레탕트
dilettantisme 딜레탕티슴
diltiazem 딜티아젬
dime 다임
dimenhydrinate 디멘히드리네이트
dimercaprol 디메르카프롤
dimethylamine 디메틸아민
dimetrodon 디메트로돈
diminuendo 디미누엔도
diminution 디미뉴션

dimmer 디머
Dimorpholaminum 디모르폴라민
dimorphotheca 디모르포테카
dimple 딤플
dinar 디나르
dinghy 딩기
dingo 딩고
Dinka 딩카
dinner 디너
dinner show 디너쇼
dinosaur 디노사우르
diode 다이오드
Dioninum 디오닌
Dionysos 디오니소스
diopter 디옵터
diorama 디오라마
diose 디오스
dioxine 다이옥신
dip 딥
diphosgene 디포스겐
diphtheria 디프테리아
diplexer 다이플렉서
diplodinium 디플로디늄
dipole 다이폴
dipper 디퍼
direct marketing 디렉트 마케팅
directory 디렉터리
direct spike 다이렉트 스파이크
dirt course 더트 코스
dirt trap 더트 트랩
dirty ballast 더티 밸러스트
disclosure 디스클로저
disco 디스코
discocyclina 디스코키클리나
discography 디스코그래피
discotheque 디스코텍
discount 디스카운트
discus 디스커스
dish 디시
disinflation 디스인플레이션
disk 디스크
diskette 디스켓
Diskobolos 디스코볼로스
Disneyland 디즈니랜드
dispatcher 디스패처
disperse 디스퍼스
displacer 디스플레이서
display 디스플레이
dissolve 디졸브

distemper 디스템퍼
distoma 디스토마
distributor 디스트리뷰터
dithizone 디티존
dithyramb 디시램브
dithyrambos 디티람보스
Diuretin 디우레틴
Divagations 디바가시옹
diver 다이버
divertimento 디베르티멘토
divide 디바이드
diving 다이빙
divisi 디비시
division 디비전
Dixie 딕시
Dixiecrat 딕시크랫
Dixieland jazz 딕시랜드 재즈
dobby 도비
Dobermann 도베르만
dobutamine 도부타민
dock 독
docking 도킹
doctrine 독트린
docudrama 다큐드라마
document 도큐먼트
documentary 다큐멘터리
Dodekaphonie 도데카포니
dodge 도지
doek 도크
doeskin 도스킨
doffing 도핑
dog 도그
dogma 도그마
Dohran 도란
Dolby system 돌비 시스템
dolce 돌체
dolcissimo 돌치시모
Doline 돌리네
dollar 달러
dolomite 돌로마이트
doloroso 돌로로소
dolostone 돌로스톤
dolphin 돌핀
domain 도메인
dome 돔
dominant 도미넌트
Dominatus 도미나투스
domino 도미노
domperidone 돔페리돈

domra 돔라
dong 동
donor 도너
Don Quixote 돈키호테
door 도어
doorman 도어맨
dope 도프
doping 도핑
Doria 도리아
Dorking 도킹
DOS 도스
dosimeter 도시미터
dot 도트
dot map 도트맵
double 더블
doubleheader 더블헤더
double play 더블 플레이
doublet 더블릿
doughnut 도넛
dow 다우
Dow-Jones 다우존스
dowel 다월
dowex 도엑스
download 다운로드
downtown 다운타운
doxa 독사
doxology 독솔로지
doxorubicin 독소루비신
doxycycline 독시사이클린
doyle 도일
dozer 도저
dracaena 드라세나
drachma 드라크마
Dracula 드라큘라
draft 드래프트
drag 드래그
dragline 드래그라인
dragon 드래건
drain 드레인
drama 드라마
Dramaturgie 드라마투르기
drape 드레이프
Dravida 드라비다
draw 드로
drawing 드로잉
dredge 드레지
drencher 드렌처
dress 드레스
dressing 드레싱

dress shirts 드레스 셔츠
dribble 드리블
drier 드라이어
drift 드리프트
drill 드릴
drink 드링크
drip 드립
drive 드라이브
drop 드롭
drop shot 드롭 샷
dropsonde 드롭존데
drum 드럼
Druze 드루즈
dry 드라이
dry cleaning 드라이클리닝
dry flower 드라이플라워
dry gin 드라이진
dry ice 드라이아이스
dual 듀얼
duct 덕트
duet 듀엣
duff 더프
duffle coat 더플코트
dugong 듀공
dugout 더그아웃
dulcin 둘신
dull 덜
duma 두마
dumbwaiter 덤웨이터
dumka 둠카
dummy 더미
dump 덤프
dump car 덤프카
dumping 덤핑
dump truck 덤프트럭
dunyā 둔야
duo 듀오
Du Pont 듀폰
durable press 듀어러블 프레스
duralumin 두랄루민
durum 듀럼
dust 더스트
Dutch pay 더치페이
Dvāravati 드바라바티
dwell 드웰
dyad 다이애드
dycril판 다이크릴판
dynamic 다이내믹
dynamis 디나미스

E

E/e 이
eagle 이글
earmark 이어마크
earphone 이어폰
earth 어스
easel 이젤
ebonite 에보나이트
ecdysone 엑디손
ecgonine 엑고닌
echelon 에셜론
echinomycin 에키노마이신
echinopluteus 에키노플루테우스
Echinorhynchus 에키노린쿠스
echo 에코
eclogite 에클로자이트
economizer 이코노마이저
ecru 에크루
ecstasy 엑스터시
ectogony 엑토고니
ectoplasm 엑토플라즘
Ecumenism 에큐메니즘
ecumenopolis 에큐메노폴리스
Edda 에다
Edelweiss 에델바이스
edge 에지
editor 에디터
effect 이펙트
egg 에그
eggbeater 에그비터
ego 에고
egoism 에고이즘
Eidograph 아이도그라프
eidos 에이도스
eight 에이트
ejector 이젝터
El Dorado 엘도라도
el Niño 엘니뇨
elastic 일래스틱
elastin 엘라스틴
elastomer 엘라스토머
elbow 엘보
Electone 엘렉톤
electroceramics 일렉트로세라믹스
electrometer 일렉트로미터
electron 일렉트론
electronics 일렉트로닉스

elegante 엘레간테
elegiaco 엘레자코
element 엘리먼트
elevator 엘리베이터
eliminator 일리미네이터
elk 엘크
Ella 엘라(태풍)
elongated start 일롱게이티드 스타트
Elvis 엘비스(태풍)
Elysium 엘리시움
e-mail 이메일
emanation 에머네이션
emblem 엠블럼
embossing 엠보싱
emerald 에메랄드
emery paper 에머리페이퍼
EMI 에미
emitter 이미터
emotionalism 이모셔널리즘
empire 엠파이어
emulation 에뮬레이션
emulsion 에멀션
enamel 에나멜
enclosure 인클로저
encoder 인코더
encore 앙코르
end line 엔드 라인
end mill 엔드밀
endless 엔드리스
endorphine 엔도르핀
energeia 에네르게이아
energy 에너지
engagement 앙가주망
engine 엔진
engineer 엔지니어
enjambement 앙장브망
enquête 앙케트
ensemble 앙상블
ensilage 엔실리지
entasis 엔타시스
entelecheia 엔텔레케이아
enthalpy 엔탈피
entomonotis 엔토모노티스
entrance 엔트런스
entrechat 앙트르샤
entropy 엔트로피

entry 엔트리
eohippus 에오히푸스
EOKA 에오카
Eolith 이올리스
eon 이언
eosin 에오신
ephedrine 에페드린
ephyra 에피라
Epicouros 에피쿠로스
epilogue 에필로그
episode 에피소드
epithet 에피셋
epochē 에포케
epoxy 에폭시
epsilon(ε) 엡실론
equalizer 이퀄라이저
equites 에퀴테스
equity 에퀴티
erbium 에르븀
erg 에르그
ergometer 에르고미터
ergot 에르고트
ergotamine 에르고타민
erica 에리카
Eridanus 에리다누스
erikite 에리카이트
Erlebnis 에를레프니스
ermine 어민
Ernie 어니(태풍)
Eroica 에로이카
eros 에로스
eroticism 에로티시즘
error 에러
erythromycin 에리트로마이신
escalator 에스컬레이터
escalope 에스칼로프
escargot 에스카르고
Escherichia 에셰리키아
escort 에스코트
eserine 에세린
Eskimo 에스키모
Esperanto 에스페란토
espresso 에스프레소
esprit 에스프리
Esquire 에스콰이어
essay 에세이
essence 에센스
ester 에스테르
esthiomene 에스티오메네

estoppel 에스토펠
estrogen 에스트로겐
eta(η) 에타
etching 에칭
Etesian 에테지안
ethacridine 에타크리딘
ethane 에탄
ether 에테르
ethnocentrism 에스노센트리즘
ethology 에솔로지
ethos 에토스
ethyl 에틸
ethylene 에틸렌
Eton jacket 이튼 재킷
eucalyptus 유칼립투스
eucryptite 유크립타이트
eudiometer 유디오미터
Eugenol 오이게놀
Euglena 유글레나
euphemism 유피미즘
euphonium 유포니움
euphony 유포니
Eurailpass 유레일패스
Eurasian 유라시안
EURATOM 유라톰
Euro 유로
Eurocommunism 유로코뮤니즘
Eurodollar 유러달러
europium 유로퓸
Evangelin 에반젤린
eve 이브
even keel 이븐 킬
evening 이브닝
event 이벤트
ever glaze 에버글레이즈
ever pleat 에버플리트
ever soft 에버소프트
evolute 에볼류트
exa 엑사
excavator 엑스커베이터
excuse 엑스큐스
exec 이그젝
exedra 엑세드라
exfoliation 엑스폴리에이션
Exihos 에키호스
Exlan 엑슬란
exodus 엑소더스
exon 엑손
expander 익스팬더

F

F/f 에프
fa 파
Fabianism 페이비어니즘
fabliaux 파블리오
fabric 패브릭
face 페이스
face-off 페이스오프
facing 페이싱
facsimile 팩시밀리
factorial 팩토리얼
factoring 팩터링
fade 페이드
fado 파두
fagara 파가라
fagoting 패거팅
fagott 파곳
fail safe 페일 세이프
fair 페어
fair fly 페어 플라이
fairground 페어그라운드
fairlead 페어리드
fair play 페어플레이
fairway 페어웨이
Faith 페이스(태풍)
fake 페이크
fall 폴
false air 폴스 에어
falsetto 팔세토
family 패밀리
famotidine 파모티딘
fan 팬
fancy 팬시
fandango 판당고
fanfare 팡파르
fan heater 팬히터
fan letter 팬레터
fantasy 판타지
farad 패럿
farce 파스
farm system 팜 시스템
farthing 파딩
fard 파르드
fascio 파쇼
fascism 파시즘
fashion 패션
fashion show 패션쇼

fastener 파스너
fast food 패스트푸드
fat 패트
fatback 패트백
fathom 패덤
fault 폴트
Faust 파우스트
fauvisme 포비슴
favori 파보리
fawn 폰
fax 팩스
fazenda 파젠다
feather 페더
feature syndicate 피처 신디케이트
feed 피드
feedback 피드백
feedboard 피드보드
feeder 피더
feeler 필러
feet 피트
feinting 페인팅
fellatio 펠라티오
fellow 펠로
fellowship 펠로십
felt 펠트
felt pen 펠트펜
felt ring 펠트 링
feminine look 페미닌룩
feminism 페미니즘
femto 펨토
fence 펜스
fencing 펜싱
fender 펜더
fermium 페르뮴
fermorite 페르모라이트
Fern 펀(태풍)
feroce 페로체
ferret 페럿
ferrite 페라이트
ferritin 페리틴
ferroaluminium 페로알루미늄
ferrocerium 페로세륨
ferrocyan 페로시안
ferry 페리
ferryboat 페리보트
festival 페스티벌

fetishism 페티시즘
Fevernova 피버노바
fiber 파이버
fiberboard 파이버보드
fibrin 피브린
fibrinogen 피브리노겐
fibroin 피브로인
ficin 피신
fiction 픽션
fid 피드
fiddle block 피들 블록
Fidelio 피델리오
field 필드
field hockey 필드하키
fieldwork 필드워크
FIFA 피파
fifteen 피프틴
fighting 파이팅
fight money 파이트머니
figure 피겨
filament 필라멘트
filaria 필라리아
file 파일
filibuster 필리버스터
filigrane 필리그란
filler 필러
fillet 필릿
film 필름
filter 필터
fin 핀
finale 피날레
final game 파이널 게임
finder 파인더
fine play 파인 플레이
finger 핑거
finish 피니시
firm banking 펌 뱅킹
firmware 펌웨어
first lady 퍼스트레이디
fish bar 피시 바
fit ball 핏볼
fitting 피팅
fixative 픽서티브
fizz 피즈
flag 플래그
flagioletto 플라지올레토
flake 플레이크
Flamand 플라망
flame jet 플레임 제트

flamenco 플라멩코
flame planner 플레임 플래너
flamingo 플라밍고
flange 플랜지
flank 플랭크
flannel 플란넬
flap 플랩
flare 플레어
flareless 플레어리스
flare 플레어
flash 플래시
flashback 플래시백
flask 플라스크
flat 플랫
flatter 플래터
flavin 플래빈
flavone 플라본
flavonoid 플라보노이드
Fletcherism 플레처리즘
fleuret 플뢰레
flexible 플렉시블
flier 플라이어
flint 플린트
flip-flop 플립플롭
flipper 플리퍼
float 플로트
float chamber 플로트 체임버
floater 플로터
floating 플로팅
float valve 플로트 밸브
flock 플록
flood 플러드
floodlight 플러드라이트
floor 플로어
floppy disk 플로피 디스크
flora 플로라
flounce 플라운스
flour 플라워
flout 플라우트
flow chart 플로 차트
flower 플라워
flow sheet 플로 시트
flue 플루
flume 플룸
Fluor 플루오르
fluorescens 플루오레센스
fluorine 플루오르
flush 플러시
flute 플루트

fluting 플루팅
flutter 플러터
flux 플럭스
fly 플라이
flyback 플라이백
flyer 플라이어
flying 플라잉
flyweight 플라이웨이트
flywheel 플라이휠
foam 폼
foam backing 폼 배킹
focus 포커스
fog 포그
foggara 포가라
foil 포일
folder 폴더
folia 폴리아
Folidol 폴리돌
folio 폴리오
folk 포크
folk dance 포크 댄스
folk song 포크 송
follow 폴로
follow throw 폴로 스로
Folsom 폴섬
Fomalhaut 포말하우트
font 폰트
foot-pound 풋파운드
football 풋볼
footlight 풋라이트
force 포스
forehand 포핸드
foreign books 포린 북스
foreman 포먼
forestay 포스테이
forint 포린트
forklift 포크리프트
form 폼
formal 포멀
formaldehyde 포름알데히드
Formalin 포르말린
format 포맷
formation 포메이션
forme 포름
Formica 포마이카
forming 포밍
formula car 포뮬러 카
forte 포르테
FORTRAN 포트란

Fortune 포천
forty 포티
forum 포럼
forward 포워드
foul 파울
foundation 파운데이션
four 포
foursome 포섬
fourth 포스
foward play 포워드 플레이
fox terrier 폭스테리어
fractal 프랙털
fraction 프랙션
fradiomycin 프라디오마이신
fraise 프레이즈
frame 프레임
franc 프랑
franchise chain 프랜차이즈 체인
Frankie 프랭키(태풍)
frapping 프래핑
frappé 프라페
free-lancer 프리랜서
free barn 프리 반
freehand 프리핸드
free kick 프리 킥
Freemason 프리메이슨
free sex 프리섹스
freestyle 프리스타일
free throw 프리 스로
French 프렌치
French fry 프렌치프라이
Freon 프레온
fresco 프레스코
fresh 프레시
frictioning 프릭셔닝
friction press 프릭션 프레스
fried chicken 프라이드치킨
frieze 프리즈
frigate 프리깃
fringe 프린지
fritter 프리터
Fritz 프리츠(태풍)
frock coat 프록코트
frog 프로그
frogman 프로그맨
front 프런트
frontier 프런티어
frottage 프로타주
frotté 프로테

G

G/g 지
gaberdine 개버딘
gable 게이블
gadget plate 가젯 플레이트
gadolinite 가돌리나이트
gag 개그
gage 게이지
gagman 개그맨
gain 게인
gal 갈
galactosamine 갈락토사민
galante 갈란테
galanthamine 갈란타민
gallery 갤러리
galley 갤리
galliard 갤리어드
gallicanisme 갈리카니슴
galling 갤링
gallium 갈륨
gallon 갤런
gallop 갤럽
gallows 갤로스
galop 갤럽
galvano 갈바노
galvanometer 갈바노미터
gambier 갬비어
gamboge 갬부지
game 게임
game maker 게임메이커
gamma(γ) 감마
gammil 가밀
Gamow 가모
Gandhiism 간디즘
GANEFO 가네포
gang 갱
gang age 갱에이지
ganophyllite 개노필라이트
gantry 갠트리
gap 갭
garage jack 개라지 잭
garbage 가비지
garbology 가볼러지
garden 가든
garden party 가든파티
garlic 갈릭
garnet 가닛

garnett 가넷
garnetting 가네팅
garnierite 가니어라이트
GARP 가프
garter 가터
gas 가스
gas boiler 가스보일러
gas burner 가스버너
gas heater 가스히터
gasket 개스킷
gasogen 가소겐
gasoline 가솔린
gas range 가스레인지
gasteria 가스테리아
gastrin 가스트린
gastrinoma 가스트리노마
gate 게이트
gate ball 게이트볼
gate way 게이트웨이
gather 개더
gating 게이팅
GATT 가트
gauge 게이지
Gaullism 골리즘
gaur 가우르
gauze 거즈
gavotte 가보트
gay 게이
gazelle 가젤
gear 기어
gelatin 젤라틴
GEM 젬
Gemini 제미니
gemolite 제몰라이트
gendarme 장다름
gender 젠더
gĕnder 근데르
general mortgage 제너럴 모기지
Generalpause 게네랄파우제
Generalprobe 게네랄프로베
generator 제너레이터
Genom 게놈
genos 게노스
Genossenschaft 게노센샤프트
genre 장르
gentamycin 겐타마이신

Gentiana 겐티아나
gentile 젠틸레
gentio 젠티오
gentleman 젠틀맨
gentry 젠트리
Geodimeter 지오디미터
geoid 지오이드
geometrism 지오메트리즘
Georgette 조젯
gerah 게라
geranium 제라늄
germane 게르만
Germanium 게르마늄
gerrymandering 게리맨더링
Gestapo 게슈타포
gesture 제스처
get two 겟투
ghatti 가티
ghetto 게토
ghost 고스트
giant 자이언트
gibbon 기번
gibbsite 기브자이트
gig 기그
giga 기가
gigabyte 기가바이트
gigue 지그
Gil 길(태풍)
gilet 질레
gill 질
gimbal 짐벌
gin 진
ginger 진저
gingham 깅엄
Gips 깁스
Gipsy 집시
girder 거더
girdle 거들
Girl Scouts 걸 스카우트
giro 지로
Giselle 지젤
gist 지스트
gittern 기턴
giusto 주스토
glacé 글라세
gladiolus 글라디올러스
gladstone 글래드스턴
glam fashion 글램패션
glamour 글래머

gland 글랜드
glare 글레어
glass 글라스
glassware 글라스웨어
glazing 글레이징
gliadin 글리아딘
glibenclamide 글리벤클라마이드
glide 글라이드
gliotoxin 글리오톡신
glisser 글리세
global 글로벌
globe 글로브
globin 글로빈
globular 글로뷸러
globulin 글로불린
gloove 글루브
Gloria 글로리아(태풍)
glory 글로리
glossy 글로시
glove 글러브
glow 글로
glucagon 글루카곤
glucitol 글루시톨
glucogenesis 글루코제네시스
glucolipid 글루콜리피드
glucosamine 글루코사민
glucoside 글루코시드
gluon 글루온
glutamine 글루타민
glutenin 글루테닌
glyceraldehyde 글리세르알데히드
glycerin 글리세린
glycine 글리신
glycogen 글리코겐
glyoxysome 글리옥시솜
gnosis 그노시스
go-cart 고카트
goal 골
goalkeeper 골키퍼
goblet 고블릿
godet 고데
Godetia 고데티아
goethite 괴타이트
goggles 고글
gold 골드
golden disk 골든 디스크
golden hour 골든아워
gold rush 골드러시
golf 골프

gonadotropin 고나도트로핀
Goncourt 공쿠르(~상)
gondola 곤돌라
goniometer 고니오미터
good-bye 굿바이
good-night 굿나이트
gooseberry 구스베리
gooseneck 구스넥
gorge 고르주
Gorgon 고르곤
gorilla 고릴라
gospel 가스펠
gossip 가십
Goth 고트
Gothic 고딕
gouging 가우징
governor 거버너
gown 가운
grab 그래브
gradation 그러데이션
grade 그레이드
graft 그래프트
grain 그레인
gram 그램
Grammy 그래미(~상)
grand 그랜드
grand guignol 그랑기뇰
grand piano 그랜드 피아노
grand prix 그랑프리
grand slam 그랜드 슬램
granolith 그래놀리스
grape 그레이프
graph 그래프
graphic 그래픽
graphoscope 그래포스코프
grass 그래스
grate 그레이트
grating 그레이팅
graver 그레이버
gravure 그라비어
gray 그레이
grease 그리스
Greco-Roman 그레코로만
Greed 그리드
green 그린
greenbelt 그린벨트
Green Beret 그린베레
green fee 그린피
Green Peace 그린피스

Greg 그레그(태풍)
greyhound 그레이하운드
grey market 그레이마켓
grey sour 그레이 사워
grid 그리드
griffin 그리핀
grill 그릴
Grimaldi 그리말디
grinder 그라인더
grip 그립
gripper 그리퍼
grit 그릿
grog 그로그
groggy 그로기
grommet 그로밋
groopie 그루피
groove 그루브
grope 그로프
groschen 그로센
gross 그로스
grotesque 그로테스크
ground 그라운드
group 그룹
groupware 그룹웨어
grout 그라우트
grove 그로브
guanaco 과나코
guanethidine 구아네티딘
guanine 구아닌
guarantee 개런티
guard 가드
guard-rail 가드레일
gudgeon 거전
guerilla 게릴라
guest 게스트
guide 가이드
guide-line 가이드라인
guidebook 가이드북
guignol 기뇰
guild 길드
guilder 길더
Guinea 기니
guinea pig 기니피그
Guinness Book 기네스북
guitar 기타
guitarist 기타리스트
gulf 걸프
gum 껌
gumdrops 검드롭스

H

H/h 에이치
haak 호크
habanera 하바네라
HABITAT 해비탯
hacker 해커
hackling 해클링
ḥadith 하디트
hadron 하드론
haem 헴
haemoglobin 헤모글로빈
Haffner 하프너
hahnium 하늄
hair 헤어
hairbrush 헤어브러시
hairclip 헤어클립
hair cream 헤어크림
hair drier 헤어드라이어
hair lotion 헤어로션
hair spray 헤어스프레이
hairstone 헤어스톤
hairstyle 헤어스타일
Hāji 하지
hale 헤일
half 하프
halfback 하프백
half time 하프 타임
halftone 하프톤
half-track 하프트랙
half volley 하프 발리
halide torch 핼라이드 토치
hall 홀
hallelujah 할렐루야
halo 헤일로
Halogen 할로겐
ham 햄
Hamas 하마스
hamburger 햄버거
Hamlet 햄릿
hammer 해머
hammerlock 해머록
hammock 해먹
ham rice 햄라이스
hamster 햄스터
hand 핸드
handbag 핸드백
handball 핸드볼

handbook 핸드북
handicap 핸디캡
handle 핸들
hand phone 핸드폰
handshield 핸드실드
handsome 핸섬
hang-glider 행글라이더
hanging 행잉
hang seng(恒生) 항생(~ 지수)
Hank 행크(태풍)
Hannah 해나(태풍)
Hansa 한자
happening 해프닝
happy end 해피 엔드
hapten 합텐
hardboard 하드보드
hard copy 하드 카피
hard-cover 하드커버
hard disk 하드 디스크
hard rock 하드 록
hardware 하드웨어
harem 하렘
harmonica 하모니카
harmonics 하모닉스
harmony 하모니
harness 하니스
harp 하프
hart 하트
Harvard 하버드
hash 해시
Hasidism 하시디즘
hastelloy 하스텔로이
hat 해트
hatch 해치
hatchback 해치백
hatchway 해치웨이
hat trick 해트 트릭
hauler 홀러
hawser 호저
hay cube 헤이큐브
haylage 헤일리지
hazard 해저드
head 헤드
headblock 헤드블록
headframe 헤드프레임
headgear 헤드기어

heading 헤딩	heparin 헤파린
headlight 헤드라이트	hepta 헵타
headline 헤드라인	heptachlor 헵타클로르
headlock 헤드록	heptane 헵탄
headphone 헤드폰	hercules 허큘리스
heald 힐드	Heritage 헤리티지
health club 헬스클럽	hernia 헤르니아
heap 히프	heroin 헤로인
heart 하트	heron 헤론
heat 히트	herpes 헤르페스
heater 히터	hertz 헤르츠
heath 히스	hetero 헤테로
heavy 헤비	heterodyne 헤테로다인
heavy metal 헤비메탈	Hewlett-Packard 휼렛 패커드
Hebraism 헤브라이즘	hexa 헥사
hectare 헥타르	hexachlorobenzene 헥사클로로벤젠
hecto 헥토	hexane 헥산
hectogram 헥토그램	hibiscus 히비스커스
hectoliter 헥토리터	hidden card 히든카드
hectopascal 헥토파스칼	hide 하이드
heel 힐	highball 하이볼
heelpiece 힐피스	high collar 하이칼라
Hegemonie 헤게모니	high fashion 하이패션
hegira 헤지라	highlight 하이라이트
hejäeb 헤자브	hightech 하이테크
held ball 헬드 볼	high teen 하이틴
hele-show 헬레쇼	highway 하이웨이
helical gear 헬리컬 기어	hiking 하이킹
helicon 헬리콘	Hilda 힐다(태풍)
helicoprion 헬리코프리온	hill 힐
helicopter 헬리콥터	Hindu 힌두
helicorubin 헬리코루빈	hinge 힌지
helicrysum 헬리크리섬	hint 힌트
heliometer 헬리오미터	hip 히프
heliport 헬리포트	hiphop 힙합
helium 헬륨	hippie 히피
helix 헬릭스	hiropon 히로뽕
Hellas 헬라	Hispanic 히스패닉
Hellenism 헬레니즘	histamine 히스타민
helmet 헬멧	histogram 히스토그램
hematoxylin 헤마톡실린	histone 히스톤
heme 헴	hit 히트
hemlock 헴록	hitch 히치
hemoconia 헤모코니아	hitchhike 히치하이크
hemocyanin 헤모시아닌	hit song 히트송
hemoglobin 헤모글로빈	Hittite 히타이트
hemstitch 헴스티치	Hizbollah 헤즈볼라
henna 헤나	hob 호브
henry 헨리	hock 혹

hockey 하키
hodology 호돌로지
hoe 호
Hof 호프
hog 호그
hogback 호그백
hogging 호깅
hoist 호이스트
hold 홀드
hole 홀
hole in one 홀인원
hollow back 홀로백
hologram 홀로그램
holography 홀로그래피
holon 홀론
home 홈
home automation 홈오토메이션
home banking 홈뱅킹
home fashion 홈패션
home grounds 홈그라운드
home run 홈런
home shopping 홈 쇼핑
home wear 홈 웨어
homing 호밍
homo 호모
Homo erectus 호모 에렉투스
homogen 호모겐
homogenizer 호모지나이저
homology 호몰로지
Homo sapiens 호모 사피엔스
hone 혼
Honest John 어네스트존
honeycomb 허니콤
honeymoon 허니문
honing 호닝
honor 오너
hood 후드
hoof 후프
hooligan 훌리건
hoop 후프
hop 홉
hope 호프
hopper 호퍼
hordein 호르데인
hormone 호르몬
Horn 호른
horn 혼
horning 호닝
hornpipe 혼파이프

hosanna 호산나
hose 호스
hospice 호스피스
hospitalism 호스피털리즘
host 호스트
hostel 호스텔
hostess 호스티스
hot cake 핫케이크
Hotchkiss 호치키스
hot corner 핫 코너
hot dog 핫도그
hotel 호텔
hot issue 핫이슈
hot line 핫라인
hot pants 핫팬츠
hourglass 아워글라스
house 하우스
housing 하우징
hub 허브
hubble 허블
Huguenot 위그노
Huk 후크(~단)
hula-hoop 훌라후프
hum 험
humanism 휴머니즘
humanist 휴머니스트
humming 허밍
humor 유머
humoresque 유머레스크
hump 험프
hurdle 허들
hurricane 허리케인
husky 허스키
hyacinth 히아신스
Hyades 히아데스
Hyakutake 햐쿠타케(~ 혜성)
hyaline 히알린
hybrid 하이브리드
hydra 히드라
hydrazine 히드라진
hydria 히드리아
hydrograph 하이드로그래프
hydrometer 하이드로미터
hydroxy 히드록시
hyena 하이에나
Hyksos 힉소스
hymo 하이모
hyperinflation 하이퍼인플레이션
hypermedia 하이퍼미디어

I/i 아이
Ian 이언(태풍)
Iban 이반
Iberia 이베리아
Ibsenism 입세니즘
ice 아이스
icebox 아이스박스
ice cake 아이스케이크
ice cream 아이스크림
ice hockey 아이스하키
ice rink 아이스 링크
icon 아이콘
iconography 아이코노그래피
iconometer 아이코노미터
iconoscope 아이코노스코프
id 이드
idea 아이디어
Idea 이데아
identity 아이덴티티
Ideologie 이데올로기
idle 아이들
Ido 이도
igloo 이글루
igniter 이그나이터
iguana 이구아나
Iliad 일리아드
illite 일라이트
illustration 일러스트레이션
ilmenite 일미나이트
image 이미지
imagery 이미저리
imagism 이미지즘
imide 이미드
imitation 이미테이션
immunity 이뮤니티
impact 임팩트
impedance 임피던스
impeller 임펠러
Imperator 임페라토르
Impotenz 임포텐츠
impulse 임펄스
incentive 인센티브
incline 인클라인
Inconel 인코넬
in course 인코스
increment 인크리먼트

incross 인크로스
incubator 인큐베이터
incunabula 인큐내뷸러
incurve 인커브
indan 인단
indanthrene 인단트렌
index 인덱스
Indian 인디언
indicator 인디케이터
indigenismo 인디헤니스모
indigo 인디고
Indio 인디오
indium 인듐
indoor baseball 인도어 베이스볼
indri 인드리
inductance 인덕턴스
infield fly 인필드 플라이
infighter 인파이터
inflation 인플레/인플레이션
inflession 인플레션
influenza 인플루엔자
information 인포메이션
infrastructure 인프라스트럭처
ingot 잉곳
initial 이니셜
initiation 이니시에이션
initiative 이니셔티브
injector 인젝터
Injil 인질
ink 잉크
inner 이너
inning 이닝
innovation 이노베이션
inoceramus 이노케라무스
inosine 이노신
Inosit 이노지트
inositol 이노시톨
inplant 인플랜트
inside 인사이드
inside corner 인코너
inspiration 인스피레이션
instant 인스턴트
instep 인스텝
instrumentalism 인스트루멘털리즘
insulator 인슐레이터
insulin 인슐린

J

J/j 제이
jab 잽
jack 잭
jackal 자칼
jacket 재킷
jackhammer 잭해머
jackknife 잭나이프
Jacob 제이컵(태풍)
Jacobin 자코뱅(~파)
jaguar 재규어
jalapa 할라파
jam 잼
jamboree 잼버리
jam session 잼 세션
Jane Eyre 제인 에어
Jannah 잔나
jansky 잰스키
Jansénisme 장세니슴
Japetos 야페토스
Japonicus 자포니쿠스
Jarmo 자르모
jasmine 재스민
jātaka 자타카
javelin 재블린
jaw 조
jazz 재즈
jean 진
Jean Christophe 장 크리스토프
jeep 지프
jelly 젤리
jellybean 젤리빈
jersey 저지
Jesuit 제수이트
Jesus 예수
jet 제트
jetmizer 제트마이저
jetting 제팅
jeu de paume 죄드폼
jib 지브
jibbing 지빙
jibe 자이브
jib nalliard 지브 핼리어드
jiffy pot 지피 포트
jig 지그
jigger 지거
jigsaw 지그소

jihād 지하드
Jimmy 지미(태풍)
Jingle Bell 징글 벨
jingoism 징고이즘
jinx 징크스
jip halliard 집 핼리어드
jip stopper 집 스토퍼
jitterbug 지터버그/지르박
jizyah 지즈야
Joan 조앤(태풍)
job 잡
job case 조브 케이스
job font 조브 폰트
jockey 자키
Jod 요오드
Jodform 요오드포름
jodhpurs 조퍼스
jodium 요오듐
Jodkali 요오드칼리
jog 조그
jogging 조깅
joining script 조이닝 스크립트
joint 조인트
joke 조크
joker 조커
jota 호타
joule 줄
journal 저널
journalism 저널리즘
journalist 저널리스트
Joy 조이(태풍)
joy stick 조이 스틱
Judea 유대
judge 저지
Jugendstil 유겐트슈틸
Jugend 유겐트(~ 양식)
juggle 저글
Juglar cycle 쥐글라 사이클
juice 주스
jukebox 주크박스
Jules Rimet Cup 쥘 리메 컵
Julius Caesar 줄리어스 시저
Julius 율리우스(~력)
Julliard 줄리아드
jumbo 점보
Jumbotron 점보트론

K

K/k 케이
kabbālāh 카발라
kahn 칸
Kai 카이
kainite 카이나이트
KAIST 카이스트
kala-azar 칼라아자르
kalanchoe 칼랑코에
kale 케일
Kalevala 칼레발라
kalfax 칼팍스
kali 칼리
kalinite 칼리나이트
kalitype 칼리타이프
Kalium 칼륨
Kallus 칼루스
kalmia 칼미아
Kalmuck 칼무크
Kalpasutra 칼파수트라
kalunite 칼루나이트
kamacite 카마사이트
kamille 카밀레
kampaniya 캄파니아
Kanaka 카나카
kanamycin 카나마이신
kandelaar 칸델라
kangaroo 캥거루
Kantharos 칸타로스
kaolin 카올린
kaolinite 카올리나이트
Kapelle 카펠레
Kapellmeister 카펠마이스터
KAPF 카프
kapok 케이폭
kappa(κ) 카파
Kapsel 캅셀
Kar 카르
Karel 카렐
Karen 카렌
Kārēz 카레즈
Kariera 카리에라
karma 카르마
Karnak 카르나크
Karrenfeld 카렌펠트
Karssai 카르사이
Karst 카르스트

Kartell 카르텔
karyosome 카리오솜
Kashimilon 캐시밀론
Kassite 카시트
Katatonie 카타토니
Kate 케이트(태풍)
Kategorie 카테고리
kathenotheism 카테노이즘
kathepsin 카텝신
KATUSA 카투사
Kavkaz 카프카스
kavya 카비아
kayak 카약
Kayan 카얀
Kayser 카이저
Kazakh 카자흐
KEDO 케도
keel 킬
keelblock 킬블록
keep 키프
keeper 키퍼
kefir 케퍼
Keith 키스(태풍)
Kelly 켈리(태풍)
Kelmet 켈밋
keloid 켈로이드
kelp 켈프
kelvin 켈빈
kemanche 케만체
kemp 켐프
kenaf 케나프
kenotron 케노트론
kent 켄트
Kephalin 케팔린
keps 켑스
kerasin 케라신
keratin 케라틴
Keratomalacia 케라토말라치아
kerma 커마
kermes 케르메스
kernite 커나이트
kerogen 케로겐
kerosine 케로신
kersey 커지
ketamine 케타민
ketch 케치

ketchup 케첩
ketene 케텐
ketoconazole 케토코나졸
ketol 케톨
ketone 케톤
kettle 케틀
kettledrum 케틀드럼
key 키
keyboard 키보드
keyer 키어
keyhole neckline 키홀 네크라인
keying 키잉
keynote 키노트
key point 키포인트
keystone plate 키스톤 플레이트
key word 키 워드
khaki 카키
khaliifa 칼리파
Khalkha 할하
khan 칸
Khanty 한티
Kharluk 카를루크
Kharoṣṭhī 카로슈티
Khasi 카시
Khatīb 카티브
Khazar 하자르
khellin 켈린
khi 키
Khmer Rouge 크메르 루주
Khnemu 크네무
Khoin 코인
Khoisan 코이산
Khorchin 호르친
Khorsabad 코르사바드
khuriltai 쿠릴타이
Khutbah 쿠트바
kiang 키앙
kibble 키블
kibbutz 키부츠
kick 킥
kickball 킥볼
kickboard 킥보드
kickboxing 킥복싱
kickdown 킥다운
kicker 키커
kid 키드
kidnet 키드넷
kill 킬
killer 킬러

kilo 킬로
kiloampere 킬로암페어
kilobar 킬로바
kilobyte 킬로바이트
kilocalorie 킬로칼로리
kilogram 킬로그램
kiloliter 킬로리터
kilometer 킬로미터
kilovolt 킬로볼트
kilowatt 킬로와트
kilt 킬트
kimberlite 킴벌라이트
kina 키나
kinema drama 키네마 드라마
kineorama 키네오라마
kinepanorama 키네파노라마
kinesics 키니식스
kinesiology 키네시올로지
kinetic art 키네틱 아트
kinetin 키네틴
kinetograph 키네토그래프
kinghorn 킹혼
kingpin 킹핀
king-size 킹사이즈
kinin 키닌
kinine 키니네
kink 킹크
kinkajou 킨카주
Kirk 커크(태풍)
kiss 키스
kissling 키슬링
KIST 키스트
kit 키트
kitchen 키친
kitchen towel 키친타월
kitch fashion 키치 패션
Kitchin cycle 키친 사이클
kitoon 카이툰
kiwi 키위
Klappe 클라페
Klavier 클라비어
klaxon 클랙슨
kleinite 클라이나이트
Klinker 클링커
klinokinesis 클리노키네시스
Klippe 클리페
klydonograph 클리도노그래프
klystron 클라이스트론
knapsack 냅색

L

L/l 엘
lab 랩
Labanotation 라바노테이션
label 라벨/레이블
labeling 레이블링
labyrinth 래버린스
lace 레이스
lack 랙
lacquer 래커
lacrosse 라크로스
lactam 락탐
lactoglobulin 락토글로불린
lactone 락톤
La Cucaracha 라 쿠카라차
ladder 래더
laddertron 래더트론
ladle 레이들
lager 라거
laissez-faire 레세페르
laitance 레이턴스
lake 레이크
lama 라마
La Madeleine 라 마들렌
Lamarckisme 라마르키슴
La Marseillaise 라 마르세예즈
lamb 램
lambada 람바다
lambda(λ) 람다
lame duck 레임덕
lamella 라멜라
lamentabile 라멘타빌레
lamentoso 라멘토소
laminarin 라미나린
laminate 래미네이트
lamp 램프
Lamut 라무트
lamé 라메
LAN 랜
lancers 랜서스
lancet 랜싯
land 랜드
landmark 랜드마크
Land Rover 랜드 로버
Landsat 랜드샛
lane 레인
langage 랑가주

Langsam 랑잠
langue 랑그
Lanital 라니탈
La Niña 라니냐
lanolin 라놀린
La Novia 라 노비아
lantana 란타나
lantern 랜턴
lanyard 래니어드
Lao 라오
Laocoon 라오콘
lap 랩
La Paloma 라 팔로마
lapboard 랩보드
lapping 래핑
laptop computer 랩톱 컴퓨터
largando 라르간도
large 라지
larghetto 라르게토
larghissimo 라르기시모
largo 라르고
larmor 라머
laser 레이저
laser printer 레이저 프린터
lash 래시
last 라스트
Lastex 라스텍스
last scene 라스트 신
latch 래치
latchet 래칫
latex 라텍스
Latin 라틴
Latium 라티움
La Traviata 라 트라비아타
lavatera 라바테라
lavender 라벤더
Lawinebahn 라비네반
lawn 론
lawrencium 로렌슘
laxator 락사토르
layer 레이어
layout 레이아웃
lay shaft 레이 샤프트
lay-up shoot 레이업 슛
lazy line 레이지 라인
lea 리

leach 리치
lead 레드
lead 리드
leader 리더
leadership 리더십
leadman 리드맨
lead-off 리드오프
leaflet 리플릿
leaf stitch 리프 스티치
league 리그
leak 리크
leaping step 리핑 스텝
lease 리스
leather 레더
lecirin 레시린
ledge 레지
leek 리크
left 레프트
leg 레그
legatissimo 레가티시모
legato 레가토
leghorn 레그혼
Legio Mariae 레지오 마리에
legion 레기온
legionella 레지오넬라
Leica 라이카
leisure 레저
lemma 렘마
lemming 레밍
lemniscate 렘니스케이트
lemon 레몬
lemonade 레모네이드
Le Monde 르 몽드
lemon juice 레몬주스
lens 렌즈
lentissimo 렌티시모
lento 렌토
Leo 리오(태풍)
leotard 레오타드
lepidosiren 레피도사이렌
leptocephalus 렙토세팔루스
lepton 렙톤
lesbian 레즈비언
Lesedrama 레제드라마
Lesescenario 레제시나리오
Les Misérables 레미제라블
lesson 레슨
let-off 렛오프
letter 레테르

letterhead 레터헤드
lettering 레터링
leucine 류신
leucomycin 류코마이신
levee 레비
level 레벨
lever 레버
leverage 레버리지
Levi 리바이(태풍)
levirate 레비레이트
Lewis 루이스(인명)
liaison 리에종
Liatris 리아트리스
liberal 리버럴
libero 리베로
liberty line 리버티 라인
libido 리비도
library 라이브러리
libretto 리브레토
license 라이선스
lidar 라이다
lidocaine 리도카인
lie 라이
lien 리언
life cycle 라이프 사이클
lifeline 라이프라인
lifestyle 라이프스타일
lift 리프트
ligand 리간드
liger 라이거
light 라이트
lignin 리그닌
lignum vitae 리그넘 바이티
lilac 라일락
limb 림
limber 림버
limbo 림보
limbus 림보
lime 라임
limelight 라임라이트
limit design 리밋 디자인
limiter 리미터
limonene 리모넨
limonite 리모나이트
limousine 리무진
Linda 린다(태풍)
line 라인
lineament 리니어먼트
linefeed 라인피드

linen 리넨
liner 라이너
lineup 라인업
lingerie 란제리
liniment 리니먼트
lining 라이닝
link 링크
linkage 링키지
linker 링커
Linotype 라이노타이프
linoxyn 리녹신
lint 린트
linter 린터
Lions Club 라이온스 클럽
lip 립
lip cream 립크림
lip-gloss 립글로스
lipoid 리포이드
liposome 리포솜
lipotropin 리포트로핀
lipstick 립스틱
lip sync 립싱크
liqueur 리큐어
Lisa 리사(태풍)
LISP 리스프
list 리스트
listesso tempo 리스테소 템포
liter 리터
lithia 리티아
lithium 리튬
litmus 리트머스
live action 라이브 액션
living cost 리빙 코스트
living kitchen 리빙 키친
load 로드
loading 로딩
loaf 로프
loam 롬
lob 로브
lobby 로비
lobbyist 로비스트
lobe 로브
local credit 로컬 크레디트
localizer 로컬라이저
local rule 로컬 룰
location 로케이션
lock 로크
locker 로커
locker room 라커 룸

locket 로켓
Lockheed 록히드
locking 로킹
locknut 로크너트
lockout 로크아웃
loft 로프트
log 로그
loganberry 로건베리
logarithm 로가리듬
loggia 로지아
logic 로직
login 로그인
logistic 로지스틱
logo 로고
logos 로고스
logotype 로고타이프
loin 로인
loincloth 로인클로스
Lolita complex 롤리타 콤플렉스
Longchamp 롱샹
longnose plier 롱노즈 플라이어
long pass 롱 패스
long-run 롱런
long skirt 롱스커트
loom 룸
loop 루프
loose 루스
LORAN 로란
loris 로리스
lorn 론
loss 로스
lost ball 로스트 볼
lost motion 로스트 모션
lost time 로스트 타임
lot 로트
lotion 로션
Lotto 로토
Louisvuitton 루이뷔통
lounge 라운지
louver 루버
Louvre 루브르
love 러브
lovebird 러브버드
love hotel 러브호텔
love letter 러브 레터
love scene 러브신
lower case 로어 케이스
low head 로 헤드
low-key 로키

M

M/m 엠
macadom 머캐덤
macarena 마카레나
macaron 마카롱
macaroni 마카로니
Macbeth 맥베스
Machiavellism 마키아벨리즘
machine 머신
macro 매크로
madame 마담
madonna 마돈나
madrigal 마드리갈
madrone 마드론
maestoso 마에스토소
Mafia 마피아
magazine 매거진
magenta 마젠타
Maggie 매기(태풍)
magic 매직
magic pen 매직펜
magic tape 매직테이프
magma chamber 마그마 체임버
Magna Carta 마그나 카르타
magnesia 마그네시아
magnesite 마그네사이트
magnesium 마그네슘
magnet 마그넷
magnox 마그녹스
mahogany 마호가니
Mahomet 마호메트
mail 메일
main 메인
main event 메인이벤트
maiolica 마욜리카
major 메이저
maker 메이커
makeup 메이크업
malachite 말라카이트
malaria 말라리아
mambo 맘보
mammoth 매머드
mana 마나
manager 매니저
manaism 마나이즘
manatee 매너티
mandarin 만다린
Mandingo 만딩고
mandolin 만돌린
mandrel 맨드릴
Mangan 망간
mango 망고
manhole 맨홀
mania 마니아
manicure 매니큐어
manierismo 마니에리스모
manifold 매니폴드
manipulation 머니퓰레이션
manitoism 매니토이즘
manna 만나
mannequin 마네킹
manner 매너
mannerism 매너리즘
mannitol 만니톨
manometer 마노미터
Manon Lescaut 마농 레스코
mansarde 망사르드
Mansi 만시
mansion 맨션
manteau 망토
mantle 맨틀
man-to-man 맨투맨
manual 매뉴얼
manufacture 매뉴팩처
Manu 마누(~ 법전)
map 맵
mapping 매핑
maracas 마라카스
marathon 마라톤
marble 마블
marcato 마르카토
march 마치
marciale 마르치알레
margarine 마가린
margin 마진
marguerite 마거리트
Marie 매리(태풍)
marihuana 마리화나
marimba 마림바
marinade 매리네이드
marine beef 머린 비프
marinera 마리네라
marionette 마리오네트

marjoram 마저럼
mark 마크
Markab 마르카브
marketing 마케팅
market leader 마켓 리더
marking 마킹
markkaa 마르카
markman 마크맨
marmalade 마멀레이드
marmelo 마르멜로
marmot 마멋
marmotte 마르모트
marquenching 마퀜칭
marron 마롱
marronnier 마로니에
MARS 마르스
marshmallow 마시멜로
martempering 마템퍼링
martensite 마텐자이트
martini 마티니
Marty 마티(태풍)
Marxism 마르크시즘
mascara 마스카라
mascon 매스콘
mascot 마스코트
maser 메이저
mash 매시
mask 마스크
masking 마스킹
masochism 마조히즘
mass 매스
massage 마사지
mass game 매스 게임
mass media 매스 미디어
master 마스터
master plan 마스터플랜
Masters 마스터스
masturbation 마스터베이션
matador 마타도어
match 매치
match play 매치 플레이
match point 매치 포인트
matelassé 마틀라세
matrix 매트릭스
matroos 마도로스
matte 매트
mattress 매트리스
maximum 맥시멈
Maya 마야

mayonnaise 마요네즈
Maypole 메이폴
mazurka 마주르카
McCarthyism 매카시즘
measure 메저
meat 미트
meatball 미트볼
mebendazole 메벤다졸
mechanical booster 메커니컬 부스터
mechanism 메커니즘
mechatronics 메커트로닉스
medal 메달
media 미디어
median 메디안
mediante 메디안테
MEDIOS 메디오스
medium 미디엄
medley 메들리
Medusa 메두사
meehanite 미하나이트
meeting 미팅
mega 메가
megaceros 메가케로스
megalopa 메갈로파
megalopolis 메갈로폴리스
Meganthropus 메간트로푸스
megaphone 메가폰
megatherium 메가테리움
megaton 메가톤
megohm 메그옴
melamine 멜라민
melanin 멜라닌
melatonin 멜라토닌
melinite 멜리나이트
melissa 멜리사
melodion 멜로디언
melodrama 멜로드라마
melody 멜로디
melon 멜론
member 멤버
membership 멤버십
memo 메모
memory 메모리
Mendelism 멘델리즘
mending 멘딩
menhaden 멘헤이든
meniscus 메니스커스
Menshevism 멘셰비즘
menstruation 멘스트루에이션

Menthol 멘톨
menu 메뉴
Men'sheviki 멘셰비키
mercantilism 머컨틸리즘
mercaptan 메르캅탄
mercer 머서
merchandising 머천다이징
Mercurochrome 머큐로크롬
mercury 머큐리
merge 머지
merino 메리노
merit 메리트
merogony 메로고니
merwinite 머위나이트
mes 메스
mesa 메사
mescaline 메스칼린
mesh 메시
mesomerism 메소머리즘
meson 메손
mesosome 메소솜
mesotron 메소트론
mess 메스
message 메시지
messenger 메신저
Messiah 메시아
meta 메타
metacenter 메타센터
metachromasy 메타크로머시
metal 메탈
metaphor 메타포
meter 미터
methane 메탄
methanol 메탄올
methyl 메틸
metronidazole 메트로니다졸
metropolis 메트로폴리스
mezzo forte 메조 포르테
mezzosoprano 메조소프라노
micanite 마이카나이트
micell 미셀
Mickey Mouse 미키 마우스
micom 마이컴
micoplasma 미코플라스마
microbus 마이크로버스
microcapsule 마이크로캡슐
Micrococcus 미크로코쿠스
microcomputer 마이크로컴퓨터
microfilm 마이크로필름

micrometer 마이크로미터
micromicron 마이크로미크론
micron 미크론
micronizer 마이크로나이저
microprocessor 마이크로프로세서
microswitch 마이크로스위치
microwave 마이크로웨이브
MIDAS 미다스
middle 미들
middleware 미들웨어
midfield 미드필드
midium 미디엄
midship 미드십
migmatite 미그마타이트
mike 마이크
Mikrokosmos 미크로코스모스
mile 마일
milepost 마일포스트
miler 마일러
milk 밀크
milk shake 밀크셰이크
mill 밀
milli 밀리
millibar 밀리바
milligram 밀리그램
millimeter 밀리미터
millipoise 밀리푸아즈
mime 마임
mimic 미믹
mimosa 미모사
mind 마인드
mind map 마인드맵
mineral 미네랄
mineral water 미네랄워터
minette 미네트
miniature 미니어처
minibar 미니바
minibus 미니버스
miniskirt 미니스커트
mink 밍크
mink coat 밍크코트
Minnesang 미네장
minor 마이너
minstrel 민스트럴
mint 민트
minuet 미뉴에트
minus 마이너스
mioglobin 미오글로빈
MIPS 밉스

mir 미르
Mira 미라
miracidium 미라시듐
Mirage 미라주
Miranda 미란다
mirra 미라
miscast 미스캐스트
miscella 미셀라
Miss 미스
missa 미사
missile 미사일
mission 미션
mist 미스트
mister/Mr. 미스터
mistral 미스트랄
mitochondria 미토콘드리아
mitomycin 미토마이신
Mitoraspora cyprini 미토라스포라 시프리니
mix 믹스
mixer 믹서
mnemonic 니모닉
mobile 모빌
mob scene 몹신
Moby Dick 모비 딕
Mochica 모치카
mode 모드
model 모델
model house 모델 하우스
modem 모뎀
moderato 모데라토
modern 모던
modernism 모더니즘
modernist 모더니스트
modular 모듈러
modulation 모듈레이션
module 모듈
Mohammed 모하메드
Mohican 모히칸
moiré 무아레
moist pellet 모이스트 펠릿
mol 몰
mold 몰드
molectronics 몰렉트로닉스
Molinism 몰리니즘
molybdenum 몰리브덴
moment 모멘트
momentum 모멘텀
monad 모나드
monad논 모나드론

Mona Lisa 모나리자
Monarchianism 모나르키아니즘
Monascus anka 모나스쿠스 앙카
monazite 모나자이트
monel 모넬
monetarism 머니터리즘
money game 머니 게임
money loan 머니 론
money supply 머니 서플라이
mongoose 몽구스
monilia 모닐리아
monism 모니즘
monitor 모니터
monmorillonite 몬모릴로나이트
monoamine 모노아민
monochord 모노코드
monochromator 모노크로메이터
monochrome 모노크롬
monochrometer 모노크로미터
monodrama 모노드라마
monogram 모노그램
monograph 모노그래프
monologue 모놀로그
monorail 모노레일
monoscope 모노스코프
monotheism 모노시이즘
monotype 모노타이프
monsoon 몬순
monstera 몬스테라
montage 몽타주
monument 모뉴먼트
mood 무드
mook 무크
moralist 모럴리스트
moral risk 모럴 리스크
moratorium 모라토리엄
Mormon 모르몬
morning call 모닝콜
morning coat 모닝코트
morphine 모르핀
morse taper 모스 테이퍼
Mort 모트(태풍)
mortar 모르타르
mosaic 모자이크
moshav 모샤브
Moslem 모슬렘
mosque 모스크
MOSS 모스
Mossad 모사드

N

N/n 엔
nacelle 나셀
NADGE 나지
nalbuphine 날부핀
NAND 낸드
nano 나노
nanometer 나노미터
nap 냅
napalm 네이팜
naphtha 나프타
naphthalene 나프탈렌
naphthene 나프텐
napkin 냅킨
narcissism 나르시시즘
narcotine 나르코틴
naringin 나린진
narratage 나라타주
narration 내레이션
narrator 내레이터
NASA 나사
NASDAQ 나스닥
nationalism 내셔널리즘
NATO 나토
Natrium 나트륨
natural 내추럴
nauplius 노플리우스
navel 네이블
Nazi 나치
Nazism 나치즘
nebula 네뷸러
neck 넥
neckerchief 네커치프
necking 네킹
neckline 네크라인
necktie 넥타이
nectar 넥타
needle 니들
negative 네거티브
Negro 니그로
Neil 닐(태풍)
neo-dadaism 네오다다이즘
Neo-Darwinism 네오다위니즘
neo-fascism 네오파시즘
Neo-Freudism 네오프로이디즘
Neo-Lamarckism 네오라마르키즘
neomycin 네오마이신

neon 네온
neon sign 네온사인
neoprene 네오프렌
nep 넵
neper 네퍼
nephron 네프론
nepotism 네포티즘
nest 네스트
Nestor 네스터(태풍)
net 네트
netizen 네티즌
Netscape 넷스케이프
network 네트워크
neurine 뉴린
Neurochip 뉴로칩
neuro computer 뉴로컴퓨터
neuron 뉴런
Neurose 노이로제
neutral 뉴트럴
Neutrodyne 뉴트로다인
neutron 뉴트론
new media 뉴 미디어
new rock 뉴록
news 뉴스
new science 뉴 사이언스
niacin 니아신
niccolite 니콜라이트
Nichole 니콜(태풍)
nichrome 니크롬
nickel 니켈
nickname 닉네임
nicotine 니코틴
NICS 닉스
NIEO 니에오
Nietzscheism 니체이즘
night 나이트
nightclub 나이트클럽
night show 나이트쇼
nigrosine 니그로신
nihilism 니힐리즘
nihilist 니힐리스트
Niki 니키(태풍)
Nimbus 님버스
NIMBY 님비
nine 나인
nip 닙

nipper 니퍼
nipple 니플
NIRA 니라
nisu 니스
nitinol 니티놀
nitrile 니트릴
nitrobacter 니트로박터
nitron 니트론
Nobel 노벨
nobilemente 노빌레멘테
nobilitas 노빌리타스
noblesse oblige 노블레스 오블리주
nocking 노킹
no comment 노코멘트
noctovision 녹토비전
nocturne 녹턴
node 노드
nogisu 노기스
noil 노일
noise 노이즈
nomograph 노모그래프
nomos 노모스
non cling 논클링
nonet 노넷
nonfiction 논픽션
nonsense 난센스
nonstop 논스톱
nontitle 논타이틀
noodle 누들
NOR 노어
NORAD 노라드
noradrenalin 노르아드레날린

Noraism 노라이즘
nordic 노르딕
norm 놈
Normal 노르말
normal 노멀
normalization 노멀라이제이션
nose 노즈
nostalgia 노스탤지어
NOTAM 노탐
notch 노치
note 노트
notebook 노트북
nouveau 누보
nouveau roman 누보로망
nova 노바
Novokain 노보카인
Novum Organum 노붐 오르가눔
nozzle 노즐
nu(υ) 뉴
nuance 뉘앙스
nuclein 뉴클레인
nucleocapsid 뉴클레오캡시드
nude 누드
nude model 누드모델
nude show 누드쇼
nugget 너깃
null 널
number 넘버
nursery school 너서리스쿨
nylon 나일론
nymphomania 님포마니아

O

O/o 오
oak 오크
OAPEC 오아펙
oasis 오아시스
oatmeal 오트밀
obelisk 오벨리스크
objet 오브제
oboe 오보에
observer 옵서버
Occident 옥시덴트
occultism 오컬티즘
octane 옥탄
octave 옥타브
odalisque 오달리스크
Odyssey 오디세이
Oedipus 오이디푸스
off-scene 오프신
offence 오펜스
offer 오퍼
office hotel 오피스텔
offset 오프셋
offside 오프사이드
offline 오프라인
ogive 오지브
ohm 옴
oil shock 오일 쇼크
oilpaper 오일페이퍼
oilskin 오일스킨
Oirat 오이라트
okapi 오카피
okra 오크라
old miss 올드미스
oleodamper 올레오댐퍼
oleometer 올레오미터
Olga 올가(태풍)
olive 올리브
Olympia 올림피아
Olympic 올림픽
ombudsman 옴부즈맨
omega(ω) 오메가
omelet 오믈렛
omelet rice 오므라이스
omikron(o) 오미크론
omnibus 옴니버스
Onanisme 오나니슴
oncidium 온시듐
one touch 원터치
one-man show 원맨쇼
one-step 원스텝
one-piece 원피스
one-room 원룸
onside 온사이드
on-line 온라인
Opal 오펄(태풍)
OPEC 오펙
open account 오픈 어카운트
open primary 오픈 프라이머리
opening 오프닝
Oper 오퍼
opera 오페라
operation 오퍼레이션
operetta 오페레타
opinion 오피니언
Oppenheim 오펜하임(~병)
opsin 옵신
OPTACON 옵타콘
optima 옵티마
option 옵션
Oral 오럴(~법)
orange 오렌지
oratorio 오라토리오
orbital 오비탈
orchestra 오케스트라
orchestration 오케스트레이션
orcinol 오르시놀
order 오더
ordinary foul 오디너리 파울
oregano 오레가노
organ 오르간
organist 오르가니스트
orgasme 오르가슴
Orient 오리엔트
oriental 오리엔탈
orientation 오리엔테이션
orifice 오리피스
original 오리지널
ornithine 오르니틴
Orphism 오르피즘
Orson 오슨(태풍)
ortho 오르토
orthodox 오서독스
oryx 오릭스

Oryzanine 오리자닌
Oscar 오스카
oscillator 오실레이터
oscilloscope 오실로스코프
ostracism 오스트라시즘
Othello 오셀로
otter trawl 오터 트롤
Otto 오토(태풍)
otto cycle 오토 사이클
ounce 온스
out boxing 아웃복싱
out-sourcing 아웃소싱
outer rotor 아우터 로터
outgroup 아웃그룹
outhaul 아웃홀
outlet 아웃렛
outline 아우트라인
output 아웃풋
outrigger 아우트리거
outsider 아웃사이더
oval 오벌
ovalbumin 오브알부민
oven 오븐
over loan 오버론
over sense 오버센스
overaction 오버액션
overblouse 오버블라우스
overboard valve 오버보드 밸브
overcoat 오버코트
overdraw 오버드로
overeat 오바이트
overflow 오버플로

overhand throw 오버핸드 스로
overhang 오버행
overhaul 오버홀
overhead 오버헤드
overhead kick 오버헤드 킥
overkill 오버킬
overlap 오버랩
overlapping 오버래핑
overlay 오버레이
overlock 오버로크
overpass 오버패스
overrun 오버런
overstep 오버스텝
overthrow 오버스로
overtime 오버타임
Owenism 오어니즘
owner 오너
owner driver 오너드라이버
oxal 옥살
oxford 옥스퍼드
oxidant 옥시던트
oximeter 옥시미터
oxine 옥신
oxonium 옥소늄
oxydol 옥시돌
oxyhemoglobin 옥시헤모글로빈
oxytetracycline 옥시테트라사이클린
oxytocin 옥시토신
oyster drill 오이스터드릴
ozone 오존
ozonide 오조니드

P

P/p 피
paca 파카
pace 페이스
pacemaker 페이스메이커
pacific 퍼시픽
pack 팩
package 패키지
packet 패킷
packing 패킹
pad 패드
padder 패더
padding 패딩
paddle 패들
paddock 패덕
page 페이지
pageant 패전트
pagoda 파고다
paint 페인트
pair 페어
pairring 페어링
palace crape 팰리스 크레이프
palazzo 팔라초
palette 팔레트
pall 폴
palladium 팔라듐
pallet 팰릿
palm 팜
palmer 파머
palmette 팔메트
pamphlet 팸플릿
pan 팬
panamax 파나맥스
panavision 파나비전
pancake 팬케이크
pancho 판초
panchromatic film 팬크로매틱 필름
pancration 판크라티온
pancreatin 판크레아틴
pancreozymin 판크레오지민
panda 판다
Pandanus 판다누스
Pandora 판도라
panel 패널
panelist 패널리스트
panettone 파네토네
panic sale 패닉 세일

panning 패닝
panorama 파노라마
panpipe 팬파이프
pansy 팬지
pantagraph 팬터그래프
pantalon 판탈롱
panta rhei 판타 레이
Pantheon 판테온
pantie girdle 팬티거들
panting 팬팅
pantograph 팬터그래프
pantomime 팬터마임
pants 팬츠
panty stocking 팬티스타킹
papain 파파인
Paparazzi 파파라치
paper 페이퍼
paperback 페이퍼백
papier collé 파피에 콜레
papyrus 파피루스
paraacetaldehyde 파라아세트알데히드
parabola 파라볼라
parade 퍼레이드
paradigm 패러다임
paradise 파라다이스
paradox 패러독스
paraffin 파라핀
paraformaldehyde 파라포름알데히드
paraglider 패러글라이더
parahormone 파라호르몬
parallelism 패럴렐리즘
Paralympic 파랄림픽
paramotor 패러모터
parapet 패러핏
paraphase 패러페이스
paraphrase 패러프레이즈
paraquat 패러콧
parasol 파라솔
Parathion 파라티온
para-toner 파라토너
parcelling 파슬링
parchment 파치먼트
pareto 파레토
parfait 파르페
parity 패리티
parka 파카

parking 파킹
parmalee wrench 파말리 렌치
parody 패러디
parole 파롤
parotin 파로틴
parsec 파섹
Parsee 파시
parsi 파르시
parsley 파슬리
Parthenon 파르테논
partition 파티션
partizan 빨치산
partner 파트너
parton 파톤
part time 파트타임
party 파티
pascal 파스칼
pasha 파샤
PASKYULA 파스큘라
pass 패스
passage 파사주
passimeter 패시미터
passing shot 패싱샷
passion 파시옹
passion 패션
passport 패스포트
password 패스워드
paste 페이스트
pastel 파스텔
pastry 페이스트리
pat 패트
patch 패치
patchouli 파촐리
patchwork 패치워크
paternalism 퍼터널리즘
path 패스
pathetic drama 퍼데틱 드라마
pathos 파토스
patrie 파트리
Patriot 패트리엇
patrol 패트롤
pattern 패턴
patulin 파툴린
Paul 폴(태풍)
pause 포즈
pavement 페이브먼트
pawl 폴
Pax Romana 팍스 로마나
payload 페이로드

Pazyryk 파지리크
pea coat 피코트
peacock 피콕
peak 피크
peak time 피크 타임
pearl 펄
pearlite 펄라이트
peasant blouse 페전트블라우스
peasant shirt 페전트셔츠
peasant skirts 페전트스커트
peat 피트
peccary 페커리
pechka 페치카
pectin 펙틴
pedal 페달
pedophillia 페도필리아
peeler 필러
peeler gauge 필러 게이지
peeling 필링
peening 피닝
peg 펙
Pegasus 페가수스
pelican 펠리컨
pellet 펠릿
pelletizing 펠레타이징
pelt 펠트
pen 펜
penalty 페널티
penalty area 페널티 에어리어
penalty kick 페널티 킥
pence 펜스
pencil 펜슬
PEN club 펜클럽
pen computer 펜컴퓨터
pendant 펜던트
penguin 펭귄
penicillin 페니실린
penicillin shock 페니실린 쇼크
pen knife 펜나이프
pen name 펜네임
pennant 페넌트
Penny 페니(태풍)
penny paper 페니페이퍼
pennyweight 페니웨이트
pen pal 펜팔
penta 펜타
Pentagon 펜타곤
pentagraph 펜타그래프
pentaminum 펜타민

pentaprism 펜타프리즘	phenakite 페나카이트
pentyl 펜틸	phenazine 페나진
peony 피어니	phenol 페놀
peppermint 페퍼민트	phenolphthalein 페놀프탈레인
pepsin 펩신	phenyl 페닐
peptide 펩티드	phenylalanine 페닐알라닌
Peptidoglycan 펩티도글리칸	phenytoin 페니토인
peptone 펩톤	pheromone 페로몬
percent 퍼센트	phi(∅) 피
percentage 퍼센티지	philharmonic 필하모닉
percussion 퍼커션	philhellenism 필헬레니즘
perestroika 페레스트로이카	philia 필리아
perfect 퍼펙트	Philopon 필로폰
perforation 퍼포레이션	phlox 플록스
performance 퍼포먼스	phoenix 피닉스
perimeter 페리미터	phon 폰
period 피리어드	phone banking 폰뱅킹
perioecoe 페리오이코이	phone meter 폰미터
perm 펌	phonolite 포놀라이트
Permalloy 퍼멀로이	phosphagen 포스파겐
permanent 퍼머넌트	phosphine 포스핀
permill 퍼밀	phot 포트
permutation 퍼뮤테이션	photo 포토
persona 페르소나	photocell 포토셀
personal 퍼스널	photodiode 포토다이오드
personal foul 퍼스널 파울	photoetching 포토에칭
perthite 퍼사이트	photofabrication 포토패브리케이션
pesante 페잔테	photogram 포토그램
peseta 페세타	photomap 포토맵
peso 페소	photoplay 포토플레이
pessary 페서리	phototransistor 포토트랜지스터
pessimism 페시미즘	phototype 포토타이프
pest 페스트	phrase 프레이즈
peta 페타	phycocyan 피코시안
Peter 피터(태풍)	Physica 피시카
petit bourgeois 프티 부르주아	physis 피시스
Petrushka 페트루슈카	phytol 피톨
petticoat 페티코트	phytoncide 파이톤사이드
petting 페팅	pi(π) 파이
pewter 퓨터	pianissimo 피아니시모
pH 페하	pianist 피아니스트
phaeton 페이튼	piano 피아노
phage 파지	pianoforte 피아노포르테
Phags-pa 파스파	picaresque 피카레스크
Phantasie 판타지	piccolo 피콜로
Phantom 팬텀	pick 픽
Pharaoh 파라오	picket 피켓
phasor diagram 페이저 다이어그램	picketing 피케팅
phenacetin 페나세틴	picking plate 피킹 플레이트

pickle 피클
pickup 픽업
picnic 피크닉
pico 피코
picofarad 피코패럿
picoline 피콜린
pictogram 픽토그램
picul 피컬
pie 파이
piece 피스
pier 피어
piercing 피어싱
pierrot 피에로
Pietism 파이어티즘
Pietà 피에타
piezo 피에조
pig 피그
pigment 피그먼트
pilaster 필라스터
pile 파일
pilgrim 필그림
pill 필
pillow 필로
pilocarpine 필로카르핀
pilot 파일럿
pilotis 필로티
piment 피망
PIMFY 핌피
pin 핀
pinball 핀볼
pinboard 핀보드
pincers 펜치
pincette 핀셋
pinch 핀치
pinchcock 핀치콕
ping-pong 핑퐁
pinhole 핀홀
pinion 피니언
pink 핑크
pinnace 피니스
pinnacle 피너클
Pinocchio 피노키오
pintle 핀틀
pion 파이온
pipe 파이프
pipeline 파이프라인
Piper 파이퍼(태풍)
piperazine 피페라진
pipe-still 파이프스틸

pipette 피펫
piping 파이핑
piqué 피케
pirn 펀
pistol 피스톨
piston 피스톤
pit 피트
pitch 피치
pitcher 피처
pitchout 피치아웃
pitch-stone 피치스톤
pith 피스
Pithecanthropus 피테칸트로푸스
pitman 피트먼
Pitot 피토(~관)
piva 피바
pivot 피벗
pixel 픽셀
pizza 피자
pizzicato 피치카토
più 피우
placard 플래카드
place 플레이스
placode 플라코드
plan 플랜
plane 플레인
planimeter 플래니미터
plankton 플랑크톤
plant 플랜트
plantation 플랜테이션
plask 플라스크
plasma 플라스마
plasmagene 플라스마진
plasmid 플라스미드
plasmin 플라스민
plaster 플라스터
plastic 플라스틱
plastoquinone 플라스토퀴논
platanus 플라타너스
plate 플레이트
plateau 플래토
platform 플랫폼
platforming 플랫포밍
platina 플래티나
platinite 플라티나이트
platinoid 플라티노이드
platonic love 플라토닉 러브
Platonism 플라토니즘
platter 플래터

play 플레이
playback 플레이백
playboy 플레이보이
play-off 플레이오프
pleat 플리트
pleats 플리츠
plebiscite 플레비사이트
plebs 플레브스
plectrum 플렉트럼
pliers 플라이어
plot 플롯
plotter 플로터
plug 플러그
plug in 플러그 인
plum 플럼
plumbicon 플럼비콘
plunge 플런지
plunger 플런저
plus 플러스
plush 플러시
plutonium 플루토늄
plyer 플라이어
poacher 포처
pocket 포켓
pocketball 포켓볼
pocket book 포켓북
poco 포코
pod 포드
poidmeter 포이드미터
poiesis 포이에시스
point 포인트
pointillisme 푸앵티이슴
pointing vector 포인팅 벡터
point-to-back 포인트투백
point-to-point 포인트투포인트
poise 푸아즈
Pokemon 포케몬
poker 포커
poker face 포커페이스
polar diagram 폴러 다이어그램
polar front 폴러 프런트
Polaris 폴라리스
polarography 폴라로그래피
Polaroid 폴라로이드
polder 폴더
pole 폴
policeman 폴리스맨
Polije 폴리예
poling 폴링

polio 폴리오
poliovirus 폴리오바이러스
polis 폴리스
polish remover 폴리시리무버
Polivision 폴리비전
polka 폴카
polling 폴링
polly 폴리
polo 폴로
polonaise 폴로네즈
polonium 폴로늄
polo shirts 폴로셔츠
polyacrylonitrile 폴리아크릴로니트릴
polyamide 폴리아미드
polycentrism 폴리센트리즘
polyethylene 폴리에틸렌
polygraph 폴리그래프
polymer 폴리머
polymeter 폴리미터
Polyot 폴료트
polyp 폴립
polypeptide 폴리펩티드
polypropylene 폴리프로필렌
polystyrene 폴리스티렌
polytechnism 폴리테크니즘
polytropic 폴리트로픽
polyurethane 폴리우레탄
pomade 포마드
pomato 포마토
poncho 판초
pontoon 폰툰
ponytail 포니테일
pool 풀
pop 팝
pop art 팝 아트
popcorn 팝콘
pope 포프
pop fly 팝 플라이
pop jazz 팝 재즈
poplar 포플러
pop music 팝 뮤직
poppet 포핏
pop song 팝송
populisme 포퓔리슴
pork 포크
pork cutlet 포크커틀릿
pork loin 포크 로인
pornography 포르노그래피
porphine 포르핀

Q

Q/q 큐
qāḍī 카디
qanāt 카나트
qānūn 카눈
qaṣba 카스바
qiblah 키블라
qiyām 키얌
qorbān 고르반
QSTOL 큐스톨
quad 쿼드
quadrant 쿼드런트
quadrille 카드리유
quadruple block 쿼드러플 블록
Quafir 콰피르
Quaker 퀘이커
quantum 콴툼
quark 쿼크
quarry 쿼리
quarter 쿼터
quarterback 쿼터백
quartette 콰르텟
quasar 퀘이사
quasi 콰시
quatrain 쿼트레인
quebracho 케브라초
Quechua 케추아

queen 퀸
quena 케나
Qufu(曲阜) 취푸(지명)
quick 퀵
quick-change 퀵체인지
quick-set ink 퀵세트 잉크
quickstep 퀵스텝
quilting 퀼팅
quinaldine 퀴날딘
quinhydrone 퀸히드론
quinidine 퀴니딘
quinine 퀴닌
quinoid 퀴노이드
quinoline 퀴놀린
quinone 퀴논
quinquina 킨키나
quintal 퀸틀
quintet 퀸텟
quiz 퀴즈
quiétisme 퀴에티슴
Quonset 퀀셋
quota 쿼터
Quo Vadis 쿠오 바디스
Quraysh 쿠라이시
quiān 쿠란

R

R/r 아르
rabbit antenna 래빗 안테나
rabboni 라보니
rabbī 랍비
rabeca 라베카
rabāb 라바브
race 레이스
racer 레이서
raceway 레이스웨이
Rachel 레이철(태풍)
rack 랙
racket 라켓
rack gear 랙 기어
racking 래킹
racon 레이콘
rad 래드
radar 레이더
radarsonde 레이더존데
radial 레이디얼
radian 라디안
radiation 라디에이션
radiator 라디에이터
radical 라디칼
radio 라디오
radioautography 라디오오토그래피
radiogram 라디오그램
radio ham 라디오햄
radioisotope 라디오아이소토프
radiometer 라디오미터
radiophone 라디오폰
radish 래디시
radium 라듐
radius 라디우스
radome 레이돔
radon 라돈
Raeti 라에티
rāga 라가
ragtime 래그타임
Rahmen 라멘
rail 레일
raincoat 레인코트
raise 레이즈
rake 레이크
rally 랠리
RAM 램
Ramaḍān 라마단

Rambouillet 랑부예
ramjet 램제트
rammer 래머
ramp 램프
rampway 램프웨이
Ramsar 람사르
ranat 라나트
rand 랜드
random access 랜덤 액세스
random sampling 랜덤 샘플링
range 레인지
ranger 레인저
rank 랭크
rankinite 랭키나이트
ranāt 라나트
rap 랩
RAPCON 랍콘
rapier 레이피어
rap music 랩뮤직
rapping 래핑
rapport 라포르
RAS 래스
raser 레이저
Rasūl 라술
ratchet 래칫
rate 레이트
rattle 래틀
ravioli 라비올리
rawin 레이윈
rawinsonde 레이윈존데
rayon 레이온
rayon pulp 레이온 펄프
raytracing 레이트레이싱
Re 레
reach 리치
reactance 리액턴스
reactor 리액터
reader 리더
readiness 레디니스
ready go 레디고
ready-made 레디메이드
Reaganomics 레이거노믹스
real 리얼
realism 리얼리즘
reality 리얼리티
ream 림

reamer 리머
reaper 리퍼
rear 리어
rear car 리어카
rebate 리베이트
rebooting 리부팅
rebound 리바운드
recall 리콜
receive 리시브
receiver 리시버
receptacle 리셉터클
receptible 리셉터블
reception 리셉션
recess 리세스
recital 리사이틀
record 레코드
recorder 리코더
recording 리코딩
record player 레코드플레이어
recovery shot 리커버리 숏
recreation 레크리에이션
recruit 리크루트
recuperator 리큐퍼레이터
recurve 리커브
recycling 리사이클링
red 레드
red card 레드카드
red clover 레드 클로버
redia 레디아
reducer 리듀서
redwood 레드우드
reed 리드
reefing 리핑
reel 릴
reengineering 리엔지니어링
referee 레퍼리
refill 리필
reflash 리플래시
reflation 리플레이션
reflector 리플렉터
reflex 리플렉스
reforming 리포밍
refrain 리프레인
regency 리전시
regent 리젠트
reggae 레게
regionalism 리저널리즘
register 레지스터
registration 레지스트레이션

regular 레귤러
regular coffee 레귤러커피
regulator 레귤레이터
rehabilitation 리허빌리테이션
rehearsal 리허설
reject 리젝트
reji 레지
relay 릴레이
release 릴리스
relief 릴리프
religiopolitics 렐리지오폴리틱스
rem 렘
remain 리메인
remake 리메이크
remicon 레미콘
remolding 리몰딩
remote control 리모트 컨트롤
remover 리무버
Renaissance 르네상스
rendering 렌더링
rendez-vous 랑데부
rennet 레닛
renogram 레노그램
rent-a-car 렌터카
René 르네
rep 렙
repeat 리피트
repeller 리펠러
repertory 레퍼토리
replica 레플리카
report 리포트
reportage 르포/르포르타주
reporter 리포터
repression 리프레션
reproduction 리프러덕션
requiem 레퀴엠
research 리서치
reservation 레저베이션
reserve 리저브
reset 리셋
resident 레지던트
resilience 리질리언스
resin 레진
résistance 레지스탕스
resistate 레지스테이트
resol 레졸
resort 리조트
ressentiment 르상티망
rest 레스트

restaurant 레스토랑
retainer 리테이너
retinol 레티놀
retort 레토르트
retouch 리터치
retrovirus 레트로바이러스
return 리턴
Reuters 로이터
reversal 리버설
reverse 리버스
revival 리바이벌
revolver 리볼버
revue 레뷰
Rex 렉스(태풍)
rhapsody 랩소디
Rhea 레아
rhenium 레늄
rheology 리올로지
rhetoric 레토릭
rheumatism 류머티즘
rhinovirus 리노바이러스
rhizopus 리조푸스
rhm 럼
rho(ρ) 로
rhodanthe 로단테
Rhodesia 로디지아
Rhodium 로듐
rhyme 라임
rhythm 리듬
rhythmical 리드미컬
rib 리브
ribbon 리본
riboflavin 리보플래빈
rice 라이스
rice paper 라이스페이퍼
ricercare 리체르카레
Richter 리히터
ricin 리신
Rick 릭(태풍)
rider 라이더
ridge reamer 리지 리머
rifampicin 리팜피신
rifamycin 리파마이신
riff 리프
riffle 리플
rifle 라이플
rig 리그
rigging 리깅
right 라이트

Rigoletto 리골레토
rim 림
rimmed 림드
rimming 리밍
ring 링
ring burner 링버너
ringer 링어
ring gear 링 기어
ring name 링네임
rink 링크
rinse 린스
rip 립
riposte 리포스트
ripper 리퍼
ripple 리플
rise 라이즈
riser 라이저
risotto 리소토
rival 라이벌
rivalta 리발타
rivet 리벳
riveting 리베팅
road heating 로드 히팅
road racer 로드레이서
road show 로드 쇼
roadster 로드스터
roast 로스트
roast beef 로스트비프
roaster 로스터
robe 로브
robolution 로볼루션
robot 로봇
robotology 로보톨로지
rock 록
rock'n'roll 로큰롤
rockabilly 로커빌리
rock café 록카페
rocker arm 로커 암
rocket 로켓
rocking 로킹
rococo 로코코
rod 로드
rod end 로드 엔드
rodeo 로데오
rod mill 로드 밀
role-playing 롤플레잉
Rolex 롤렉스
roll 롤
roller 롤러

roller coaster 롤러코스터
roller skate 롤러스케이트
roll-in 롤인
Rolls-Royce 롤스로이스
ROM 롬
roman 로망
romance 로맨스
Romanesque 로마네스크
Romanist 로마니스트
romantic 로맨틱
romanticism 로맨티시즘
romanticist 로맨티시스트
Romeo 로메오
roof 루프
roofing 루핑
roommate 룸메이트
room salon 룸살롱
room service 룸서비스
root 루트
rope 로프
ropeway 로프웨이
roping 로핑
rosaniline 로자닐린
rose 로즈
roselle 로젤
rosemary 로즈메리
rosette 로제트
Rosie 로지(태풍)
rosin 로진
rotary 로터리
rotation 로테이션
rotor 로터
rouge 루주
rough 러프
rough paper 러프페이퍼
roulette 룰렛
round 라운드
route 루트
router 루터
routine 루틴
rove 로브
rowan 로언

rowing 로잉
royal box 로열박스
royal family 로열패밀리
royal jelly 로열 젤리
royalty 로열티
rubber 러버
rubidium 루비듐
rubl 루블
ruby 루비
ruche 루시
ruck 럭
rucksack 륙색
rudder 러더
rudderpost 러더포스트
rudderstock 러더스톡
ruff 러프
ruffle 러플
rug 러그
Rugby football 럭비풋볼
rule 룰
rum 럼
rumba 룸바
rumor 루머
run 런
rune 룬
run-in 런인
runner 러너
running mate 러닝메이트
running pass 러닝 패스
running shirts 러닝셔츠
running shoot 러닝 슛
runout 런아웃
rush 러시
rush hour 러시아워
rusk 러스크
Ruskii 로스케
russell 러셀
Russian roulette 러시안룰렛
rutherford 러더퍼드
rutin 루틴
Ryurik 류리크(왕조)

S

S/s 에스
saber 세이버
sable 세이블
sablé 사블레
sabotage 사보타주
sabre 사브르
saccharin 사카린
sack coat 색코트
saddle 새들
saddle bag 새들백
saddle key 새들 키
sadism 사디즘
sadist 사디스트
safari 사파리
safe 세이프
safety 세이프티
safetyman 세이프티맨
saffraan 사프란
sag 새그
sage 세이지
sagging 새깅
sailer 세일러
sail hook 세일 훅
sailing 세일링
sailor collar 세일러 칼라
sailor pants 세일러팬츠
salad 샐러드
salad dressing 샐러드드레싱
salamander 샐러맨더
salami 살라미
salaried man 샐러리맨
sale 세일
sales 세일즈
Salesio 살레지오
salesman 세일즈맨
Salica 살리카(~ 법전)
salicin 살리신
Sally 샐리(태풍)
salmonella 살모넬라
salon 살롱
salpa 살파
salsa 살사
SALT 솔트
salute 설루트
salvage 샐비지
salvia 샐비어

Sam 샘(태풍)
samba 삼바
sample 샘플
sample card 샘플카드
sample maker 샘플 메이커
sampling 샘플링
sandal 샌들
sandbag 샌드백
sandblast 샌드블라스트
sander 샌더
sandpaper 샌드페이퍼
sandwich 샌드위치
sandwich man 샌드위치맨
sanforize 샌퍼라이즈
saninism 사니니즘
sank 생크
Sanskrit 산스크리트
Sanson 상송
sans serif 산세리프
Santa Claus 산타클로스
Santa Lucia 산타 루치아
Santa Maria 산타 마리아
santonin 산토닌
saponin 사포닌
sapphire 사파이어
sapphism 사피즘
Saprolegnia 사프롤레그니아
Saracen 사라센
sardonyx 사도닉스
sarong 사롱
sash 새시
Satan 사탄
satin 새틴
sauce 소스
sauna 사우나
sausage 소시지
sauté 소테
savage 새비지
savanna 사바나
save 세이브
saw 소
saxhorn 색스혼
saxophone 색소폰
scalar 스칼라
scale 스케일
scaling 스케일링

scallop 스캘럽
scandal 스캔들
scandium 스칸듐
scanner 스캐너
scarf 스카프
scarfing 스카핑
scarlet oak 스칼릿 오크
scat 스캣
scenario 시나리오
scene 신
Schale 샬레
Schanze 샨체
schedule 스케줄
schema 스키마
schenk 솅크
scherzando 스케르찬도
schola 스콜라
scholarship 스칼러십
school bus 스쿨버스
schooner 스쿠너
scintillation 신틸레이션
scoop 스쿠프
scooper 스쿠퍼
scooter 스쿠터
scope 스코프
score 스코어
scoreboard 스코어보드
scorebook 스코어북
Scotch guard 스코치 가드
Scotchlite 스카치라이트
Scotch tape 스카치테이프
Scotch whisky 스카치위스키
Scott 스콧(태풍)
scout 스카우트
scramble 스크램블
scrambler 스크램블러
scrap 스크랩
scrapbook 스크랩북
scraper 스크레이퍼
scratch 스크래치
screech 스크리치
screen 스크린
screening 스크리닝
screen quota 스크린 쿼터
screw 스크루
screwdriver 스크루드라이버
screw jack 스크루 잭
scriber 스크라이버
scrip 스크립

script 스크립트
scripter 스크립터
scroll 스크롤
scroll bar 스크롤바
scrubber 스크러버
scrum 스크럼
scuba 스쿠버
scuff 스커프
scyphistoma 스키피스토마
seal 실
sealed 실드
sealing 실링
seam 심
seamer 시머
search 서치
searchlight 서치라이트
season 시즌
seat 시트
sec 세크
SECAM 세캄
secant 시컨트
secco 세코
secession 시세션
second 세컨드
secret block 시크릿 블록
section 섹션
sectionalizer 섹셔널라이저
sector 섹터
security system 시큐리티 시스템
sedan 세단
seed 시드
seesaw 시소
segment 세그먼트
segmentation 세그먼테이션
segno 세뇨
seif 세이프
Seil 자일
select 실렉트
selection 실렉션
selenium 셀레늄
self 셀프
self-care 셀프케어
self-cocking 셀프코킹
self-control 셀프컨트롤
self-service 셀프서비스
self-timer 셀프타이머
semantics 시맨틱스
semicolon 세미콜론
semifinal 세미파이널

semihard 세미하드
semimetal 세미메탈
seminar 세미나
semi-professional 세미프로페셔널
sender 센더
senior 시니어
sensation 센세이션
sense 센스
sensibile 센시빌레
sensor 센서
sentence 센텐스
sentimental 센티멘털
senza replica 센차 레플리카
sepaktakraw 세팍타크로
separates 세퍼레이츠
sepia 세피아
sequence 시퀀스
serenade 세레나데
serge 서지
serial 시리얼
series 시리즈
serif 세리프
serine 세린
serve 서브
service 서비스
servo 서보
servomotor 서보모터
set 세트
setback 세트백
set play 세트 플레이
setscrew 세트스크루
setting 세팅
settlement 세틀먼트
settop box 셋톱 박스
setup 세트업
seven 세븐
sex-appeal 섹스어필
sexy 섹시
shackle 섀클
shad 섀드
shade 셰이드
shadow 섀도
shadow-boxing 섀도복싱
shadow cabinet 섀도 캐비닛
shadow work 섀도워크
shaft 샤프트
shag 섀그
shake-hand 셰이크핸드
shaker 셰이커

shaman 샤먼
shamanism 샤머니즘
shampoo 샴푸
shank 섕크
shaper 셰이퍼
share 셰어
sharp 샤프
sharp pencil 샤프펜슬
shawl 숄
shawl collar 숄칼라
shear 시어
sheepshank 시프섕크
sheer 시어
sheet 시트
shell 셸
shepherd 셰퍼드
sherbet 셔벗
Sherpa 셰르파
Shiah 시아(~파)
shield 실드
shift 시프트
shifter fork 시프터 포크
shift lever 시프트 레버
shilling 실링
shim 심
shimmy damper 시미 댐퍼
ship 십
shirt blouse 셔츠블라우스
shirts 셔츠
shock 쇼크
shoe 슈
shoes 슈즈
shoot 슈트
shoot 슛
shopping 쇼핑
shopping bag 쇼핑백
shopping center 쇼핑센터
short 쇼트
short blast 쇼트 블라스트
short cut 쇼트커트
shortening 쇼트닝
shorthorn 쇼트혼
short pass 쇼트 패스
shorts 쇼츠
short time 쇼트타임
short track 쇼트 트랙
shot 샷
shot 숏
shotblast 숏블라스트

shoulder 숄더
shoulder bag 숄더백
shovel 셔블
show 쇼
showcase 쇼케이스
shower 샤워
showgirl 쇼걸
showmanship 쇼맨십
show window 쇼윈도
shroud 슈라우드
shutout 셧아웃
shutter 셔터
shuttle 셔틀
shuttle bus 셔틀버스
shuttlecock 셔틀콕
side 사이드
side brake 사이드 브레이크
sidecar 사이드카
sideline 사이드라인
sidestroke 사이드스트로크
sigma(σ) 시그마
sign 사인
signal 시그널
sign book 사인북
signifiant 시니피앙
sign pen 사인펜
silage 사일리지
silent chain 사일런트 체인
silhouette 실루엣
silica 실리카
silicon valley 실리콘 밸리
silk 실크
Silk Road 실크 로드
silk wool 실크울
silo 사일로
silt 실트
silver 실버
silver screen 실버 스크린
silver town 실버타운
sim 심
simplex 심플렉스
simulation 시뮬레이션
simulcast 사이멀캐스트
sine 사인
single 싱글
single bed 싱글베드
single round 싱글 라운드
sink 싱크
sinker 싱커

siphon 사이펀
siren 사이렌
sirup 시럽
sitcom 시트콤
situation 시추에이션
size 사이즈
skate 스케이트
skateboard 스케이트보드
skeet 스키트
sketch 스케치
sketchbook 스케치북
sketch map 스케치 맵
ski 스키
skid 스키드
skill 스킬
skillet 스킬릿
skin 스킨
skin diving 스킨 다이빙
skin lotion 스킨로션
skinship 스킨십
skip 스킵
skipping step 스키핑 스텝
skirt 스커트
skit 스킷
skit mark 스킷 마크
skunk 스컹크
skydiver 스카이다이버
skyline 스카이라인
sky lounge 스카이라운지
skyway 스카이웨이
slab 슬래브
slack 슬랙
slag 슬래그
slash 슬래시
slat 슬랫
slate 슬레이트
sleave 슬리브
sledge 슬레지
sleeping bag 슬리핑 백
sleeve 슬리브
slice 슬라이스
slide 슬라이드
slim skirt 슬림스커트
slip 슬립
slip down 슬립 다운
slipper 슬리퍼
slit 슬릿
slogan 슬로건
sloop 슬루프

slot 슬롯
slot flap 슬롯 플랩
slot machine 슬롯머신
slow motion 슬로 모션
slow video 슬로비디오
slub 슬러브
sludge 슬러지
slug 슬러그
slump 슬럼프
slurry 슬러리
smart 스마트
smash 스매시
smocking 스모킹
smog 스모그
smoke 스모크
smooth 스무드
snack 스낵
snack bar 스낵바
snap 스냅
snatch 스내치
snowboard 스노보드
snowmobile 스노모빌
snow tire 스노 타이어
soboro 소보로
socket 소켓
soda 소다
sodium 소듐
sofa 소파
sofeggio 솔페지오
soft 소프트
softball 소프트볼
soft collar 소프트칼라
soft cream 소프트크림
soft lens 소프트 렌즈
soft loan 소프트 론
softnomics 소프트노믹스
software 소프트웨어
solanine 솔라닌
solder 솔더
sole 솔
solenoid 솔레노이드
solid 솔리드
solipsism 솔립시즘
solo 솔로
soluble 솔류블
solution 설루션
solvent 솔벤트
SONAR 소나
sonata 소나타

Sonde 존데
sonic art 소닉 아트
sonnet 소네트
sonograph 소노그래프
sonometer 소노미터
sophia 소피아
sophist 소피스트
soprano 소프라노
sorbite 소르바이트
sorbitol 소르비톨
sort 소트
soul music 솔 뮤직
sound 사운드
sound-board 사운드보드
sound-box 사운드박스
sound track 사운드 트랙
soup 수프
sour 사워
source 소스
sour cream 사워크림
southpaw 사우스포
space 스페이스
space chamber 스페이스 체임버
spade 스페이드
spaghetti 스파게티
span 스팬
spandex 스판덱스
spar 스파
spare 스페어
spare tire 스페어타이어
spark 스파크
sparring 스파링
spatter 스패터
speaker 스피커
speakerphone 스피커폰
spearmint 스피어민트
special 스페셜
specification 스페시피케이션
spectacle 스펙터클
spectroscope 스펙트로스코프
spectrum 스펙트럼
speculum 스페큘럼
speed 스피드
speed gun 스피드 건
speed skating 스피드 스케이팅
spell 스펠
spence 스펜스
spiccato 스피카토
spider 스파이더

T

T/t 티
tab 태브
table 테이블
tablet 태블릿
tabloid 타블로이드
taboo 터부
tackle 태클
tael 테일
tag 태그
tag match 태그 매치
tailgate 테일게이트
take-up 테이크업
Taleban 탈레반
talent 탤런트
talk show 토크 쇼
Talmud 탈무드
tambourine 탬버린
tamper 탬퍼
Tampon 탐폰
tandem 탠덤
tangent 탄젠트
tango 탱고
tank lorry 탱크로리
tannin 타닌
Tanya 태냐(태풍)
tap 탭
tap dance 탭 댄스
tape 테이프
tapestry 태피스트리
taphole 탭홀
taping 테이핑
tappet 태핏
tar 타르
target 타깃
task force 태스크 포스
Tatlinism 타틀리니즘
tau(τ) 타우
taurine 타우린
tax 택스
taxi 택시
taximeter 택시미터
tea 티
tea bag 티백
teak 티크
team play 팀플레이
team teaching 팀 티칭

teamwork 팀워크
teaspoon 티스푼
teatime 티타임
technic 테크닉
technocracy 테크노크라시
technocrat 테크노크라트
techron 테크론
tee 티
teeing ground 티 그라운드
tee shot 티 샷
Teflon 테플론
telecommunication 텔레커뮤니케이션
telefax 텔레팩스
telegraph 텔레그래프
telemarketing 텔레마케팅
telepathy 텔레파시
television 텔레비전
telex 텔렉스
tell 텔
telnet 텔넷
temper 템퍼
tempering 템퍼링
template 템플릿
temple 템플
tempo 템포
tennis 테니스
tenor 테너
tensiometer 텐시오미터
tension 텐션
tent 텐트
tephrochronology 테프로크로놀로지
tequila 테킬라
terabyte 테라바이트
terminal 터미널
terrace house 테라스 하우스
terra cotta 테라 코타
Terramycin 테라마이신
Territorium 테리토리움
terror 테러
terrorism 테러리즘
terrorist 테러리스트
test 테스트
tester 테스터
tetra 테트라
tetrachloromethane 테트라클로로메탄
tetron 테트론

text 텍스트	tip 팁
textile 텍스타일	tipping 티핑
TGV 테제베	tippler 티플러
theme 테마	tire 타이어
theodolite 세오돌라이트	tirol 티롤
thermal black 서멀 블랙	tissue 티슈
thermal switch 서멀 스위치	Titanic 타이타닉
thermistor 서미스터	titanium 티타늄
thermostat 서모스탯	title back 타이틀백
These 테제	title match 타이틀 매치
theta(θ) 세타	Titoism 티토이즘
thiamine 티아민	toast 토스트
thimble 심블	tobralco 토브랄코
thinner 시너	tochka 토치카
thio 티오	tocopherol 토코페롤
thorite 토라이트	Todd 토드(태풍)
thorium 토륨	toe 토
Thracia 트라키아	TOEFL 토플
thread 스레드	TOEIC 토익
three cushions 스리 쿠션	toe-in 토인
three-feet line 스리피트 라인	toe-out 토아웃
three-quarter 스리쿼터	toga 토가
three-step 스리스텝	toggle switch 토글스위치
threonine 트레오닌	token 토큰
thrill 스릴	tollgate 톨게이트
thriller 스릴러	toluene 톨루엔
throttle 스로틀	Tom 톰(태풍)
through pass 스루 패스	tomahawk 토마호크
throw 스로	tomato ketchup 토마토케첩
throw-in 스로인	tomato sauce 토마토소스
thrust 스러스트	ton 톤
thymine 티민	toner 토너
ticket 티켓	tonic 토닉
tie break 타이 브레이크	top class 톱클래스
tie rod 타이 로드	top-down 톱다운
tight 타이트	topic 토픽
tights 타이츠	top news 톱뉴스
tilapia 틸라피아	topology 토폴로지
tile 타일	topping 토핑
time 타임	top star 톱스타
time capsule 타임캡슐	toque 토크
time chart 타임 차트	torch lamp 토치램프
time end 타임엔드	torch song 토치 송
time machine 타임머신	tornado 토네이도
time-out 타임아웃	torque wrench 토크 렌치
timer 타이머	torr 토르
time switch 타임스위치	Tosca 토스카
timing 타이밍	toss 토스
Tina 티나(태풍)	tosto 토스토

total 토털	trichloromethane 트리클로로메탄
totem 토템	tricing 트라이싱
totemism 토테미즘	trick 트릭
touch 터치	trigger 트리거
touchdown 터치다운	triglyceride 트리글리세리드
touchline 터치라인	trill 트릴
touch out 터치아웃	trim 트림
touchscreen 터치스크린	trio 트리오
tournament 토너먼트	trip 트립
tow 토	triple play 트리플 플레이
towel 타월	triplet 트리플렛
tower 타워	troche 트로키
tower crane 타워 크레인	trochoid 트로코이드
town house 타운 하우스	trochophora 트로코포라
trace 트레이스	troika 트로이카
trachoma 트라코마	troll 트롤
tracing paper 트레이싱 페이퍼	trolley bus 트롤리버스
track 트랙	trolling 트롤링
tracking 트래킹	trombone 트롬본
tractor 트랙터	trophy 트로피
trade 트레이드	trot 트로트
traffic 트래픽	trot 트롯
trailer 트레일러	trouble 트러블
train 트레인	truck 트럭
trainer 트레이너	trump 트럼프
trance 트랜스	trumpet 트럼펫
transaction 트랜잭션	trunk 트렁크
transducer 트랜스듀서	trust 트러스트
transfer 트랜스퍼	try 트라이
transistor 트랜지스터	trypsin 트립신
transit 트랜싯	tryptophan 트립토판
translator 트랜슬레이터	tsar' 차르
transmission 트랜스미션	tube 튜브
transverse 트랜스버스	tubular silhouette 튜뷸러실루엣
trap 트랩	tubulin 튜뷸린
trapping 트래핑	tuck 턱
traveller 트래블러	tulip 튤립
traverse 트래버스	tumble 텀블
trawl winch 트롤 윈치	tumbler switch 텀블러스위치
tray 트레이	tumbling 텀블링
tread 트레드	tundra 툰드라
tree 트리	tuner 튜너
trench 트렌치	tungsten 텅스텐
trenching 트렌칭	tunic 튜닉
trendy drama 트렌디드라마	tunnel 터널
triangle 트라이앵글	turban 터번
triathlon 트라이애슬론	turbine 터빈
triceratops 트리케라톱스	turbofan 터보팬
trichlene 트리클렌	turbojet 터보제트

U

U/u 유
Uighur 위구르
uintatherium 윈타테륨
uklad 우클라드
ukulele 우쿨렐레
ulexite 울렉사이트
ullage 얼리지
ultisol 얼티졸
ultra 울트라
ultramarine 울트라마린
Umayya mosque 우마이야 모스크
umber 엄버
Umlaut 움라우트
umrah 우무라
Umwelt 움벨트
una corda 우나 코르다
unanimisme 위나니미슴
unbalance 언밸런스
unbalance look 언밸런스룩
uncut 언커트
undecane 운데칸
undecyl 운데실
under 언더
under blouse 언더블라우스
undercoat 언더코트
undercut 언더컷
undercutting 언더커팅
underframe 언더프레임
underground 언더그라운드
underhand 언더핸드
underhand pass 언더핸드 패스/언더패스
underhand throw 언더핸드 스로
under par 언더 파
undershirt 언더셔츠
undershoot 언더슈트
undersize bearing 언더사이즈 베어링
underspin 언더스핀
underwear 언더웨어
underwriter 언더라이터
UNESCO 유네스코
UNICEF 유니세프
uniflow 유니플로
uniform 유니폼
unify 유니파이
unijunction 유니정크션
union 유니언

Union Jack 유니언 잭
Union Pacific 유니언 퍼시픽
UNISCAN 유니스칸
unisex 유니섹스
unison 유니슨
unit 유닛
Unitarians 유니테리언
unit cooler 유닛 쿨러
unit injector 유닛 인젝터
unit-load system 유닛로드 시스템
universal bridge 유니버설 브리지
universal calender 유니버설 캘린더
universal joint 유니버설 조인트
Universiade 유니버시아드
university 유니버시티
UNKRA 운크라
unloader 언로더
unplugged 언플러그드
un poco 운 포코
untied loan 언타이드 론
Ununbium 우눈븀
Ununnilium 우누닐륨
Unununium 우누늄
up 업
Upaniṣad 우파니샤드
upas 우파스
upgrade 업그레이드
upload 업로드
upper case 어퍼 케이스
uppercut 어퍼컷
uppercutter 어퍼커터
upright 업라이트
upset 업셋
upsilon(υ) 입실론
up style 업스타일
uptake 업테이크
uracil 우라실
Ural-Altai 우랄·알타이(~어)
uralite 우랄라이트
Ural kombinat 우랄 콤비나트
Uran 우란
uranin 우라닌
uraninite 우라나이트
uranium 우라늄
uranyl 우라닐
urea 우레아

V

V/v 브이
vacance 바캉스
vaccine 백신
vacuum concrete 배큐엄 콘크리트
Vaishya 바이샤
Vaiśesika 바이세시카
valence 베일런스
Valentine Day 밸런타인데이
valeur 발뢰르
valine 발린
value 밸류
valve 밸브
valve box 밸브 박스
valve lifter 밸브 리프터
valve positioner 밸브 포지셔너
valve refacer 밸브 리페이서
valve seat 밸브 시트
valve stem 밸브 스템
valve trombone 밸브 트롬본
VAN 밴
vanadium 바나듐
vanda 반다
Vandal 반달
vandalism 반달리즘
vane 베인
vane pump 베인 펌프
Vanguard 뱅가드
vanilla 바닐라
vanilla essence 바닐라 에센스
vanillin 바닐린
vantage 밴티지
vapor lock 베이퍼 로크
var 바
varactor 버랙터
varactor diode 버랙터 다이오드
variable condenser 베리어블 콘덴서
variante 바리안테
variation 베리에이션
variation route 베리에이션 루트
varicap 배리캡
varicon 바리콘
variety show 버라이어티 쇼
variotin 배리오틴
Variscan 바리스칸
varistor 배리스터
varnish 바니시

varnishing 바니싱
varsoviana 바르소비아나
varsovienne 바르소비엔
vaseline 바셀린
vasopressin 바소프레신
vat 뱃
vaterite 바테라이트
Vatican 바티칸
vatting 배팅
vaudeville 보드빌
vault 볼트
Vector 벡터
vectorscope 벡터스코프
Vedanta 베단타
Vedda 베다
Vega 베가
vein 베인
velodrome 벨로드롬
veludo 비로드
velvet 벨벳
veneer 베니어
Venetian blind 베니션 블라인드
Venetian red 베니션 레드
vent 벤트
ventilation 벤틸레이션
venture 벤처
venturimeter 벤투리미터
veranda 베란다
verapamil 베라파밀
verbascum 버배스컴
verbena 버베나
verdoglobin 베르도글로빈
verglas 베르글라
verismo 베리스모
vermiculite 버미큘라이트
vermilion 버밀리온
vermouth 베르무트
vernal 버널
vernalization 버널리제이션
vernier calipers 버니어 캘리퍼스
vernonia 베르노니아
version 버전
vertical blind 버티컬 블라인드
vertical cam 버티컬 캠
vertisol 버티졸
vessel 베슬

vest 베스트
vest sweater 베스트스웨터
vetch 베치
vétéran 베테랑
vetiver 베티베르
veto 비토
Viagra 비아그라
vial 바이알
vibrante 비브란테
vibraphone 비브라폰
vibration 바이브레이션
vibrato 비브라토
vibrator 바이브레이터
vibrio 비브리오
vibrofloatation 바이브로플로테이션
vice 바이스
Vicki 비키(태풍)
Victor 빅터(태풍)
Victorianism 빅토리아니즘
victory 빅토리
video 비디오
video art 비디오 아트
video camera 비디오카메라
video cassette 비디오카세트
video deck 비디오 덱
videodisk 비디오디스크
video game 비디오 게임
video jockey 비디오자키
videometer 비디오미터
video movie 비디오무비
video package 비디오패키지
video tape 비디오테이프
videotex 비디오텍스
vidicon 비디콘
Vienna coffee 비엔나커피
Vienna sausage 비엔나소시지
Vienna waltz 비엔나 왈츠
view camera 뷰카메라
viewdata 뷰데이터
viewer 뷰어
vigorosamente 비고로사멘테
vigour 비거
Viking 바이킹
villa 빌라
vimāna 비마나
vinal 바이날
vincristine 빈크리스틴
vinegar 비니거
vintage 빈티지

viny house 비닐하우스
vinyl acetal 비닐 아세탈
vinyl acetate 비닐 아세테이트
vinylidene 비닐리덴
vinylite 비닐라이트
vinylon 비닐론
vinyon 비니온
Viny-tile 비니타일
vinā 비나
viola 비올라
violation 바이얼레이션
violento 비올렌토
violet 바이올렛
Violet 바이올렛(태풍)
violin 바이올린
violinist 바이올리니스트
violoncello 비올론첼로
violone 비올로네
viomycin 바이오마이신
Virgil 버질(태풍)
virial 비리얼
viridian 비리디언
viroid 바이로이드
virtual call 버추얼 콜
virus 바이러스
visa 비자
Visaya 비사야
viscacha 비스카차
viscaria 비스카리아
viscose 비스코스
viscose rayon 비스코스 레이온
viscose sponge 비스코스스펀지
vise 바이스
vision 비전
Vista Vision 비스타 비전
visto 비스토
visual 비주얼
visual design 비주얼 디자인
visual language 비주얼랭귀지
Vita 바이타
Vitaglass 바이타글라스
vitalamp 바이타램프
vitalism 바이털리즘
vitalisme 비탈리슴
Vitallium 바이탈륨
vitallium 비탈륨
vital sign 바이털 사인
vitamin 비타민
vitascope 바이터스코프

W

W/w 더블유
wafer 웨이퍼
waffle 와플
wagon 왜건
waist 웨이스트
waistline 웨이스트라인
waiter 웨이터
waiting 웨이팅
waitress 웨이트리스
wake 웨이크
Waldo 월도(태풍)
walkie-talkie 워키토키
walking 워킹
walkout 워크아웃
walkover 워크오버
waltz 왈츠
wander 원더
warder 워더
warfarin 와파린
warm booting 웜부팅
warming-up 워밍업
warm-up 웜업
warp 워프
warping 워핑
warping end 워핑 엔드
washer 와셔
waste 웨이스트
wasteball 웨이스트볼
watch 워치
waterbuck 워터벅
water chute 워터 슈트
water hazard 워터 해저드
water spray 워터 스프레이
waterway 워터웨이
watt 와트
wave 웨이브
wax 왁스
waxbill 왁스빌
wearing 웨어링
weave 위브
weaving 위빙
web 웹
web beam 웨브 빔
wedding dress 웨딩드레스
wedge 웨지
weeder 위더

weight 웨이트
weight training 웨이트 트레이닝
weir 위어
Weismannism 바이스마니즘
well 웰
well-done 웰던
welt 웰트
welter 웰터
Wendy 웬디(태풍)
wet core 웨트 코어
wet sump 웨트 섬프
wet trapping 웨트 트래핑
whaleboat 훼일보트
wheel 휠
wheel base 휠베이스
wheelchair 휠체어
wherry 훼리
Whig 휘그
whipper 휘퍼
whippet 휘핏
whipping 휘핑
whirler 훨러
whiskey 위스키
whist 휘스트
whistle 휘슬
white board 화이트보드
white-collar 화이트칼라
whole 홀
wicket 위킷
wicketkeeper 위킷키퍼
wide screen 와이드 스크린
wife 와이프
wild 와일드
wild card 와일드카드
wildcat 와일드캣
Willie 윌리(태풍)
winch 윈치
winch man 윈치맨
windbreaker 윈드브레이커
winder 와인더
winding 와인딩
windlass 윈들러스
window 윈도
Windows 95 윈도 95
window-shopping 윈도쇼핑
windsurfing 윈드서핑

X

X/x 엑스
Xanthen 크산텐
Xanthin 크산틴
Xanthogen 크산토겐
xanthomycin 크산토마이신
Xanthon 크산톤
Xanthophyll 크산토필
Xanthoproteic 크산토프로테인(~ 반응)
xenia 크세니아
Xenon 크세논
xenotime 제노타임
xerogel 크세로겔
xerography 제로그래피

Xeromyces 크세로미세스
Xerox 제록스
Xerox journalism 제록스 저널리즘
xi(ξ) 크시
X-ray 엑스레이
xylan 크실란
xylene 크실렌
Xylenol 크실레놀
xylidine 크실리딘
Xylol 크실롤
Xylolemusk 크실롤레무스크
xylophone 실로폰
X-Y plotter 엑스와이 플로터

Y

Y/y 와이
yacht 요트
yak 야크
yam 얌
Yankee 양키
Yanni 얘니(태풍)
Yao 야오
yard 야드
yarn 얀
yarovizatsiya 야로비자치야
Yates 예이츠(태풍)
yawl 욜
yearling 이얼링
yeast 이스트
yeast food 이스트 푸드
Yellow Book 옐로 북
yellowcake 옐로케이크
yellow card 옐로카드
yellow journalism 옐로 저널리즘
yellow paper 옐로 페이퍼
yeoman 요먼
yes-man 예스맨
Yiddish 이디시
yield 일드
yippie 이피

ylem 아일럼
yobel 요벨
yodel 요들
yodel song 요들송
Yoga 요가
yogurt 요구르트
yohimbin 요힘빈
yoke 요크
York 요크(태풍)
yorkshire pudding 요크셔푸딩
Yorkshire terrier 요크셔테리어
Yoruba 요루바
younger church 영거 처치
youth hostel 유스 호스텔
yoyo 요요
ytterbium 이테르븀
yttria 이트리아
yttrium 이트륨
yucca 유카
Yukaghir 유카기르
Yukawa 유카와
Yule 율(태풍)
yuppie 여피
yurt 유르트

Z

Z/z 제트
Zabūr 자부르
Zadruga 자드루가
zakuska 자쿠스카
zakāt 자카트
Zama 자마
zamboa 자몽
zamindār 자민다르
Zane 제인(태풍)
zapateado 사파테아도
zap flap 잽 플랩
Zapotec 사포텍
Zarya 자랴
zeaxanthin 제아크산틴
Zeb 젭(태풍)
zebra zone 제브러 존
zebu 제부
zein 제인
zeloso 젤로소
zemstvo 젬스트보
zener diode 제너 다이오드
Zenon 제논
zeolite 제올라이트
zero 제로
zero game 제로 게임
zero-sum 제로섬
Zeus 제우스
Zia 지아(태풍)
zidovudine 지도부딘
Zigeunerweisen 치고이너바이젠
Ziggurat 지구라트
zigzag 지그재그

zinc 징크
zineb 지네브
zingerone 진제론
Zinjanthropus 진잔트로푸스
zinkenite 징케나이트
Zion 시온
Zionism 시오니즘
zipper 지퍼
zircon 지르콘
zirconia 지르코니아
zirconium 지르코늄
Zita 지타(태풍)
zoea 조에아
zoetrope 조이트로프
zoisite 조이사이트
zone 존
zone line 존 라인
zoning 조닝
zoom back 줌 백
zoom in 줌 인
zooming 주밍
zoom lens 줌 렌즈
zoom out 줌 아웃
zoom up 줌 업
Zoroaster 조로아스터
Zulu 줄루
Zunft 춘프트
zunyite 주니아이트
Zyclo 치클로
Zygosaccharomyces 지고사카로미세스
Zyklus 치클루스
zymogen 지모겐

외래어 표기 용례(국립국어원, 2002)에서 발췌

PART

헷갈리기 쉬운 표준어

STANDARD

모든 글쓰기는 창조적이다.
− 루돌프 플레시

표준어	비표준어	비고	표준어	비표준어	비고
가십난	가십란		골목쟁이	골목장이	
가을-갈이	가을-카리		곱빼기	곱배기	
가지런하다	가즈런하다		광주리	광우리	
갈겨쓰다	날려쓰다		괜스레	괜시리	
갈비	가리		괴나리봇짐	개나리봇짐	
갓모	갈모		괴통	호구	
강낭-콩	강남-콩		괴팍-하다	괴퍅-하다	
강소주	깡소주		구법(句法)	귀법	
개다리-소반	개다리-밥상		구슬리다	구실리다	
거시기	거시키		구절(句節)	귀절	
거짓-부리	거짓-불		구점(句點)	귀점	
거친	거칠은		국-물	멀-국	
겹사-겹사	겸두-겸두		군-표	군용-어음	
	겸지-겸지		궁상-떨다	궁-떨다	
겸-상	맞-상		귀-고리	귀엣-고리	
경구(警句)	경귀		귀-글	구-글	
경황-없다	경-없다		귀-띔	귀-팀	
고깔	꼬깔		귀밑-머리	귓-머리	
고봉-밥	높은-밥		귀이-개	귀-개	
고치다	낫우다		귀-지	귀에-지	
골목-쟁이	골목-자기		귀찮다	귀치 않다	

표준어	비표준어	비 고	표준어	비표준어	비 고
글-귀	글-구		나랏일	나라일	
기차간	기찻간		나룻-배	나루	'나루[津]'는 표준어
길-잡이	길-앞잡이	'길라잡이'도 표준어	나무라다	나무래다	
김	기음	~매다	나지막하다	나즈막하다	
깊이	깊히		나침반	나침판	
까다롭다	가탈스럽다		나팔-꽃	나발-꽃	
까다롭다	까닭-스럽다		낚아채다	나꿔채다	
까막-눈	맹-눈		난구(難句)	난귀	
까-뭉개다	까-무느다		납-도리	민-도리	
까치-발	까치-다리		낯선	낯설은	
깍쟁이	깍정이		내색	나색	
깡총하다	깡충하다		내숭-스럽다	내흉-스럽다	
깡충-깡충	깡총-깡총		냄비	남비	
꼭두-각시	꼭둑-각시		냠냠-이	냠얌-이	
꼼수	꽁수		넉넉지 않다	넉넉치 않다	
꼽추	곱추		넌지시	넌즈시	
끄나풀	끄나불		널빤지	널판지	
끗발	끝발		넝쿨	덩쿨	
끼적끼적	끄적끄적		넷째	네째	
낌새	낌		넷-째	네-째	'제4, 네 개째'의 뜻)

표준어	비표준어	비고	표준어	비표준어	비고
녘	녁		-던가	-든가	
노을	놀		-던걸	-든걸	
녹슨	녹슬은		-던고	-든고	
녹슬다	녹쓸다		-던데	-든데	
농-지거리기	롱-지거리		-던지	-든지	
눈곱	눈꼽		덩굴	넝쿨	
눈살	눈쌀		데우다	데다	
늦둥이	늣둥이		돌	돐	
다다르다	다닫다		돌하르방	돌하루방	
다오	다구		동댕이-치다	동당이-치다	
닦달	닥달		동짓날	동진날	
단구(短句)	단귀		둘째	두째	
단명구(短命句)	단명귀		뒤웅박	뒝박	
단-벌	홑-벌		뒤져-내다	뒤어-내다	
단출하다	단촐하다		뒤통수-치다	뒤꼭지-치다	
담배-꽁초	담배-꼬투리		뒷물-대야	뒷-대야	
담배-꽁치	담배-꽁추		등굣길	등교길	
담쟁이-덩굴	담장이-덩굴		등-때기	등-떠리	'등'의 낮은 말
대구(對句)	대귀		등잔-걸이	등경-걸이	
댑-싸리	대-싸리		딱따구리	딱다구리	
더부룩-하다	더뿌룩-하다	듬뿌룩-하다	땡추	땡초	

표준어	비표준어	비 고	표준어	비표준어	비 고
떡-보	떡-충이		메스껍다	메시껍다	
똑딱-단추	딸꼭-단추		며느리-발톱	뒷-발톱	
똬리	또아리		멸치	며루치	
뜨개질	뜨게질		모이	모	
마구-잡이	막잡이		목-메다	목-맺히다	
마른-빨래	건-빨래		무	무우	
막대기	막대		문구(文句)	문귀	
막상	마기		뭉게구름	뭉개구름	
맛보기	맛배기		미루-나무	미류-나무	
망가-뜨리다	망그-뜨리다		미륵	미력	
망태기	망태		미숫가루	미싯가루	
매-만지다	우미다		미장이	미쟁이	
맵자-하다	맵자다	모양이 제격에 어울리다	밀짚-모자	보릿짚-모자	
머무르다	머물다	모음 어미가 연결될 때에는 준말의 활용형을 인정하지 않음.	바다속	바닷속	
			바라다	바래다	'바램[所望]'은 비표준어임
먹을거리	먹거리		바람-꼭지	바람-고다리	
먼-발치	먼-발치기		반-나절	나절-가웃	
먼지떨이	먼지털이		반대말	반댓말	
멋쟁이	멋장이		반짇고리	반지고리	
메밀	모밀		발가-숭이	발가-송이	

표준어	비표준어	비 고	표준어	비표준어	비 고
발목쟁이	발목장이		붉으락-푸르락	푸르락-붉으락	
방-고래	구들-고래		빈대-떡	빈자-떡	
뱀	배암		빌리다	빌다	용서를 빌다는 '빌다'
뱀-장어	배암-장어				
버젓-이	뉘연-히		빙충-이	빙충-맞이	
벽-돌	벽		빠-뜨리다	빠-치다	'빠트리다'도 표준어
보습	보십		뺨-따귀	뺌-따귀	
보퉁이	보통이		뻗정-다리	뻗장-다리	
본-받다	법-받다		사글-세	삭월-세	다만, 월세는 표준어
본새	뽄새		사글세방	삭월세방	
봉숭아	봉숭화	'봉선화'도 표준어	사돈(査頓)	사둔	
부끄러워-하다	부끄리다		사래-논	사래-답	
부스러기	부스럭지		사래-밭	사래-전	
부스럼	부럼	정월 보름에 쓰는 '부럼'은 표준어	산-누에	멧-누에	
			산-줄기	멧-줄기	
부엌	부억		살얼음-판	살-판	
부조(扶助)	부주		살-쾡이	삵-쾡이	
부지깽이	부지팽이		살-풀이	살-막이	
부항-단지	뜸-단지		삼촌(三寸)	삼춘	
부항-단지	부항-항아리		상추	상치	~쌈

표준어	비표준어	비고	표준어	비표준어	비고
상투-쟁이	상투-꼬부랑이		속-말	속-소리	국악 용어 '속소리'는 표준어임.
상-판대기	쌍-판대기		손목-시계	팔목(팔뚝)-시계	
새앙-손이	생강-손이				
샛-별	새벽-별		손-수레	손-구루마	'구루마'는 일본어
생로병사	생노병사		손자	손주	
생인-손	생안-손		솔개	소리개	
생일	주기		솟을-무늬	솟을-문	
생-쥐	새앙-쥐		쇠-고랑	고랑-쇠	
서두르다	서둘다		수-꿩	수-퀑	
서투르다	서툴다		수놈	숫-놈	
석새-삼배	석새-베		수두룩-하다	수둑-하다	
선-머슴	풋-머슴		수-사돈	숫-사돈	
설거지-하다	설겆다		수-삼	무-삼	
설령(設令)	서령		수-소	숫-소	
섭섭-하다	애운-하다		수-은행나무	숫-은행나무	
성구(成句)	성귀		수-캉아지	숫-강아지	
성냥	화곽		수-캐	숫-개	
셋방	세방		수-컷	숫-것	
셋-째	세-째	'제3, 세 개째'의 뜻	수-키와	숫-기와	
소금쟁이	소금장이		수-탉	숫-닭	

표준어	비표준어	비 고	표준어	비표준어	비 고
수-탕나귀	숫-당나귀		아궁이	아궁지	
수-톨쩌귀	숫-돌쩌귀		아귀탕	아구탕	
수-퇘지	숫-돼지		아내	안해	
수-평아리	숫-병아리		아니꼬워	아니꼬와	
숙맥	쑥맥		아등바등	아동바동	
숙성-하다	숙-지다		아래-로	알-로	
술-고래	술-꾸러기		아무튼	아뭏든	
숫-양	수-양		아서, 아서라	앗아, 앗아라	
숫-염소	수-염소		아연실색	아연질색	
숫-쥐	수-쥐		아주	영판	
시구(詩句)	시귀		아지랑이	아지랭이	
시-누이	시-누		안-걸이	안-낚시	씨름 용어
시러베-아들	실업의-아들		안쓰럽다	안-슬프다	
시름-시름	시늠-시늠		안절부절-못하다	안절부절-하다	
식은-땀	찬-땀		앉은뱅이-저울	앉은-저울	
신기-롭다	신기-스럽다	'신기하다'도 표준어	알-사탕	구슬-사탕	
심-돋우개	불-돋우개		암-내	곁땀-내	
쌍동-밤	쪽-밤		앞-지르다	따라-먹다	
쏜살-같이	쏜살-로		애달프다	애닯다	
씁벅-씁벅	썹벅-썹벅		양-파	둥근-파	

표준어	비표준어	비 고	표준어	비표준어	비 고
얕은-꾀	물탄-꾀		오이소박이	오이소백이	
어구(語句)	어귀		온-갖	온-가지	
어음	엄		-올시다	-올습니다	
어-중간	어지-중간		옹골-차다	공골-차다	
어질-병	어질-머리		외우다	외다	
어태껏	여직껏		외-지다	벽-지다	
억지	어거지		우두커니	우두머니	
언뜻	펀뜻		우레	우뢰	
언제나	노다지		움츠리다	움츠르다	
-에는	-엘랑		웃-국	윗-국	
여느	여늬		웃-기	윗-기	
역-겹다	역-스럽다		웃-돈	윗-돈	
연구(聯句)	연귀		웃-어른	윗-어른	
열심-히	열심-으로		웃어른	윗어른	
열어-제치다	열어-젖뜨리다		웃-옷	윗-옷	
오금-팽이	오금-탱이		위-짝	웃-짝	
오-누이	오-누		위-쪽	웃-쪽	
오동-나무	머귀-나무		위-채	웃-채	
오뚝-이	오똑-이		위-층	웃-층	
오래-오래	도래-도래		위-치마	웃-치마	

표준어	비표준어	비 고	표준어	비표준어	비 고
위-팔	웃-팔		윗-자리	웃-자리	
윗-넓이	웃-넓이		윗-중방	웃-중방	
윗-눈썹	웃-눈썹		유기장이	유기쟁이	
윗-니	웃-니		으레	으례	
윗-당줄	웃-당줄		으스대다	으시대다	
윗-덧줄	웃-덧줄		이기죽-거리다	이죽-거리다	
윗-도리	웃-도리		이지러지다	이즈러지다	
윗-동아리	웃-동아리	준말은 '윗동'	인용구(引用句)	인용귀	
윗-막이	웃-막이		일구다	일다	
윗-머리	웃-머리		일찍	일찍이	
윗-목	웃-목		입-담	말-담	
윗-몸	웃-몸		잎-담배	잎-초	
윗-바람	웃-바람		자두	오얏	
윗-배	웃-배		자배기	너벅지	
윗-벌	웃-벌		잔-돈	잔-전	
윗-변	웃-변		잠-투정	잠-투세	
윗-사랑	웃-사랑		장력-세다	장성-세다	
윗-세장	웃-세장		장롱	장농	
윗-수염	웃-수염		장사-치	장사-아치	
윗-입술	웃-입술		적이	저으기	
윗-잇몸	웃-잇몸		전봇-대	전선-대	

표준어	비표준어	비 고	표준어	비표준어	비 고
전세방	전셋방		천장(天障)	천정	다만, '천정부지(天井不知)'는 '천정'
절구(絕句)	절귀				
제석	젯-돗		총각-무	알타리-무	
조무래기	조무라기		칫-솔	잇-솔	
족두리	쪽두리		칸	간	다만, '초가삼간, 윗간'의 경우에는 '간'
족집게	족집개				
존댓말	존대말		케케-묵다	켸켸-묵다	
졸리다	졸립다		코-맹맹이	코-맹녕이	
졸병	쫄병		코-주부	코-보	
주꾸미	쭈꾸미		털어-먹다	떨어-먹다	
주책	주착		토픽난	토픽란	
주책-없다	주책-이다		퇴박-맞다	퇴-맞다	
죽-살이	죽-살		튀기	트기	
쥐락-펴락	펴락-쥐락		푼-돈	분전	
지루-하다	지리-하다		한통-치다	통-치다	
-지만	-지만서도		해님	햇님	
짐-꾼	부지-군(負持-)		핼쑥하다	핼쓱하다	
짓-무르다	짓-물다		허드레	허드래	
짓궂어서	짓꽂어서		허우대	허위대	
찌꺼기	찌끼	'찌꺽지'는 비표준어	허우적-허우적	허위적-허위적 허우적-거리다	

표준어	비표준어	비 고	표준어	비표준어	비 고
호루라기	호루루기		횟수	회수	
혼꾸멍나다	혼구멍나다		후드득	후두둑	
혼잣말	혼자말		흰-죽	백-죽	

복수 표준어

복수 표준어	비고	복수 표준어	비고
가는-허리/잔-허리		고운대/토란대	
가락-엿/가래-엿		곰곰/곰곰-이	
가뭄/가물		관계-없다/상관-없다	
가엾다/가엽다/가엾어/가여워, 가엾은/가여운		괴다/고이다	
		괴발개발/개발새발	
간질이다/간지럽히다		교정-보다/준-보다	
감감-무소식/감감-소식		구린-내/쿠린-내	
개수-통/설거지-통	'겆다'는 '설거지-하다'로	극성-떨다/극성-부리다	
		기세-부리다/기세-피우다	
개숫-물/설거지-물		기승-떨다/기승-부리다	
갱-엿/검은-엿		깃-저고리/배내-옷/배냇-저고리	
-거리다/-대다/가물-, 출렁-			
거슴츠레-하다/게슴츠레-하다		꺼림-하다/께름-하다	
거위-배/횟-배		꼬까/때때/고까	
거치적거리다/걸리적거리다		꾀다/꼬이다	
것/해	내~, 네~, 뉘~	끼적거리다/끄적거리다	
게을러-빠지다/게을러-터지다		나귀/당-나귀	
고깃-간/푸줏-간	'고깃-관, 푸줏-관, 다림-방'은 비표준어	나부랭이/너부렁이	
		날개/나래	
고까/꼬까		남우세스럽다/남사스럽다	
고린-내/코린-내		내리-글씨/세로-글씨	

복수 표준어	비고	복수 표준어	비고
냄새/내음		들락-거리다/들랑-거리다	
넝쿨/덩굴/	'덩쿨'은 비표준어	들락-날락/들랑-날랑	
네/예		딴-전/딴-청	
녘/쪽		땅-콩/호-콩	
눈-대중/눈-어림/눈-짐작		땔-감/땔-거리	
눈초리/눈꼬리		떨어뜨리다/떨구다	
느리-광이/느림-보/늘-보		-뜨리다/-트리다	깨-, 떨어-, 쏟-
다달-이/매-달		뜬-것/뜬-귀신	
-다마다/-고말고		뜰/뜨락	
다박-나룻/다박-수염		마-파람/앞-바람	
닭의-장/닭-장		만날/맨날	
댓-돌/툇-돌		만큼/만치	
덧-창/겉-창		말-동무/말-벗	
독장-치다/독판-치다		매-갈이/매-조미	
동자-기둥/쪼구미		매-통/목-매	
돼지-감자/뚱딴지		맨송맨송/맨숭맨숭/맹숭맹숭	
되우/된통/되게		먹-새/먹음-새	
두루뭉술하다/두리뭉실하다		먹을거리/먹거리	
뒷-갈망/뒷-감당		멀찌감치/멀찌가니/멀찍이	
뒷-말/뒷-소리		멍게/우렁쉥이	

복수 표준어	비고	복수 표준어	비고
메우다/메꾸다		바른/오른[右]	
멱통/산-멱/산-멱통		발-모가지/발-목쟁이	'발목'의 비속어
면-치레/외면-치레		버들-강아지/버들-개지	
모-내다/모-심다/모-내기/모-심기		벌레/버러지	'벌거지, 벌러지'는 비표준어
모쪼록/아무쪼록		변덕-스럽다/변덕-맞다	
목물/등물		보-조개/볼-우물	
목판-되/모-되		보통-내기/여간-내기/예사-내기	
목화-씨/면화-씨		복사뼈/복숭아뼈	
뫼자리/못자리		볼-따구니/볼-퉁이/볼-때기	'볼'의 비속어
무심-결/무심-중		부침개-질/부침-질/지짐-질	
물-방개/선두리		불-사르다/사르다	
물-봉숭아/물-봉선화		비발/비용(費用)	
물-부리/빨-부리		뾰두라지/뾰루지	
물-심부름/물-시중		살-쾡이/삵/삵-피	
물추리-나무/물추리-막대		삽살-개/삽사리	
물-타작/진-타작		상두-꾼/상여-꾼	
민둥-산/벌거숭이-산		상-씨름/소-걸이	
밑-층/아래-층		새치름하다/새초롬하다	
바깥-벽/밭-벽		생/새앙/생강	
바동바동/바둥바둥			

복수 표준어	비고	복수 표준어	비고
생-뿔/새앙-뿔/생강-뿔		아무튼/어떻든/어쨌든/하여튼/여하튼	
서럽다/섧다	'설다'는 비표준어	앉음-새/앉음-앉음	
서방-질/화냥-질		알은-척/알은-체	
성글다/성기다		애-갈이/애벌-갈이	
세간/세간살이		애꾸눈-이/외눈-박이	
손자/손주		애-순/어린-순	
송이/송이-버섯		양념-감/양념-거리	
쇠-/소-		어기여차/어여차	
수수-깡/수숫-대		어림-잡다/어림-치다	
술-안주/안주		어수룩하다/어리숙하다	
-스레하다/-스름하다		어이-없다/어처구니-없다	
시늉-말/흉내-말		어저께/어제	
시새/세사(細沙)		언덕-바지/언덕-배기	
신/신발		얼렁-뚱땅/엄벙-뗑	
심술-꾸러기/심술-쟁이		여왕-벌/장수-벌	
쌉싸래하다/쌉싸름하다		여쭈다/여쭙다	
쐬다/쏘이다		여태/입때	'여직'은 비표준어
씁쓰레-하다/씁쓰름-하다		여태-껏/이제-껏/입때-껏	'여지-껏'은 비표준어
아귀-세다/아귀-차다			
아래-위/위-아래		역성-들다/역성-하다	

복수 표준어	비고	복수 표준어	비고
연-달다/잇-달다		자장면/짜장면	
연방/연신		장가-가다/장가-들다	
엿-가락/엿-가래		재롱-떨다/재롱-부리다	
엿-반대기/엿-자박		제-가끔/제-각기	
오사리-잡놈/오색-잡놈	'오합-잡놈'은 비표준어	좀-처럼/좀-체/'좀-체로	
옥수수/강냉이		죄다/조이다	
왕골-기직/왕골-자리		줄-꾼/줄-잡이	
외겹-실/외올-실/홑-실		중신/중매	
외손-잡이/한손-잡이		짚-단/짚-뭇	
욕심-꾸러기/욕심-쟁이		쪽/편	
우레/천둥/우렛-소리/천둥-소리		쬐다/쪼이다	
우지/울-보		차차/차츰	
을러-대다/을러-메다		책-씻이/책-거리	
의심-스럽다/의심-쩍다		척/체	
-이에요/-이어요		천연덕-스럽다/천연-스럽다	
일일-이/하나-하나		철-따구니/철-딱서니/철-딱지	'철-때기'는 비표준어)
일찌감치/일찌거니		추어-올리다/추어-주다	'추켜-올리다'는 비표준어
입찬-말/입찬-소리		축-가다/축-나다	
자리-옷/잠-옷		침-놓다/침-주다	
자물-쇠/자물-통		태껸/택견	

실전 연습

QUESTION

실전 연습 원본

(1)

늦잠을 자게 되면 가장 큰 문제가 무엇일까요? 물론 충분한 수면을 취했기 때문에 우선은 피로가 풀렸다고 느낄 수 있습니다. 하지만 이러한 기분은 몇 일 가지 못합니다. 잠은 자면 잘수록 더 느는 것이기 때문에 다음 날은 더 많은 시간 동안 잠을 자야 하고, 또 다음 날은 더 더 많은 시간 동안 잠을 자야만 충분히 잤다고 느낄 것입니다. 이렇게 되면 오전의 시간이 다 가버린 것이기 때문에 이와 같은 학생은 하루 중 오후와 저녁 시간만이 남게 되기 때문에 조금만 공부해도 어느덧 하루의 시간이 다 가버리게 되며, 아침의 늦잠 때문에 늦은 밤까지 쉽게 잠을 이루지 못하거나 숙면을 취하지 못하게 되며, 늦은 밤까지 잠을 자지 못했기 때문에 다시 늦잠을 자게 되는 악순환을 반복하게 되며, 하루를 피곤과 스트레스와 함께하는 하루를 보내게 되는 것입니다.

반면 학교의 등교 시간과 같이 방학 기간에도 일어나는 학생은 오전과 오후 그리고 저녁 시간이 형성되기 때문에 공부를 하고, 사교육을 받아도 충분한 시간이 남게 되며, 이러한 여유 시간에 자신만의 활동을 해도 누구 하나 야단치는 사람이 없으며, 이러한 활동을 통해 스트레스까지 말끔히 해소할 수 있게 되므로 다음 날 더 활기찬 모습으로 하루를 보내게 되는 것입니다. 또 개학이 되어서도 방학 동안 매일 규칙적인 생활을 하였기 때문에, 생체 리듬이 흔들리지 않아 학교 수업에 더욱 집중할 수 있게 됩니다.

실전 연습 수정본

(1)

늦잠을 자면 어떤 문제가 생길까요? 물론 충분한 수면을 취했기 때문에 지금 당장은 피로가 풀렸다고 느낄 수 있습니다. 하지만 이러한 느낌은 며칠 가지 못합니다. 잠은 자면 잘수록 느는 것이기 때문에 다음 날은 더 많은 시간 동안 잠을 자야 하고, 또 다음 날은 더욱 많은 시간 동안 잠을 자야만 몸이 개운하다고 느낄 것입니다. 잠을 많이 자면 이렇듯 오전 시간이 다 흘러가 버립니다. 결국 하루 중에서 오후와 저녁 시간만이 남게 되기 때문에 조금만 공부해도 하루가 다 지나가 버립니다. 또한 아침에 늦잠을 잤기 때문에 늦은 밤까지 쉽게 잠을 이루지 못하거나 숙면을 취하지 못하게 되고, 이 때문에 다시 늦잠을 자게 되는 악순환을 거듭하게 됩니다. 다시 말해서 하루를 피곤과 스트레스 속에서 보내게 되는 것입니다.

반면, 방학 기간에도 학교의 등교 시간과 똑같은 시간에 일어나는 학생은 늦잠을 자는 학생보다 많은 시간을 확보할 수 있기 때문에 계획한 대로 공부를 하고, 심지어 사교육까지 받아도 시간이 남게 되며, 이러한 여유 시간에 자신이 원하는 활동을 마음껏 할 수 있습니다. 결국 이러한 활동을 통해 스트레스까지 말끔히 해소할 수 있게 되므로 다음 날 더 활기찬 모습으로 하루를 보내게 되는 것입니다. 또 개학이 되어서도 방학 동안 매일 규칙적인 생활을 하였기 때문에, 생체 리듬이 흔들리지 않아 학교 수업에 더욱 집중할 수 있습니다.

실전 연습 원본

(2)

분수에서 전체와 부분의 의미를 잘 알고 있는 아이는 쉽게 이해된다. 그러나 분수의 의미를 잘 모르게 되면 비례 배분을 알려주는데 더 오래 걸릴지도 모른다. 비례 배분은 중학교, 고등학교에서 대체로 도형의 문제로 많이 나온다. 각을 비례 배분하거나 선분을 비례 배분하는 것으로 항상 분수를 염두에 놓고 오답이 나오는 것을 막아야 할 것이다.

(3)

어떤 수에서 기준이 되는 수를 뺀 것을 '차'라고 하고, 큰 수에서 작은 수를 뺀 것을 '차이'라고 한다. 현 교육에서는 '차'와 차이에 대해서 크게 구분하지 않고 배운다. 문제를 출제하는 사람만 잘 알고 내면 되겠다고 생각하는지도 모르겠다. 초등학교에서는 음수를 배우지 않은 상태이므로, 문제를 잘못 내도 아이가 '차'를 '차이'로 받아들이고 있다. 물론 음수를 배우지 않은 까닭이 가장 크지만 심하면 '4−7=3'이라고 잘못된 식을 쓰고 구분하지 못하는 경우도 있다. 중학교에서 가장 오답을 내는 경우는 '오차'라는 '차'를 무의식중에 '차이'를 인식하고 문제를 풀어서 틀리는 경우가 대표적인 예이다.

실전 연습 수정본

(2)

분수에서 전체와 부분의 의미를 잘 알고 있는 아이는 쉽게 이해할 수 있다. 그러나 분수의 의미를 잘 모르면 비례 배분을 알려 주는데 시간이 더 오래 걸린다. 비례 배분은 중학교, 고등학교에서 도형의 형태로 많이 출제된다. 따라서 평소 각과 선분의 비례 배분을 충분히 연습하여 오답이 나오지 않도록 해야 할 것이다.

(3)

어떤 수에서 기준이 되는 수를 뺀 것을 '차'라고 하고, 큰 수에서 작은 수를 뺀 것을 '차이'라고 한다. 현 교육에서는 '차'와 '차이'에 대해서 크게 구분하지 않고 배운다. 문제를 출제하는 사람만 잘 알고 있으면 된다는 생각 때문인지는 모르지만, 초등학교에서는 음수를 배우지 않은 상태이므로 문제를 잘못 내더라도 아이가 '차'를 '차이'로 받아들이게 된다. 물론 음수를 배우지 않은 까닭이 가장 크지만 심한 경우 '4-7=3'이라는 잘못된 식을 쓰고도 이를 잘 구분하지 못하는 경우가 발생하기도 한다. 중학교에서 가장 오답을 내는 가장 대표적인 예로는 '오차'라는 '차'를 무의식중에 '차이'로 인식하고 문제를 풀어서 틀리는 경우를 들 수 있다.

실전 연습 원본

(4)

이제 입시는 정보 전쟁이다. 대한민국 입시가 너무 복잡하고 종류도 많아졌다. 가장 큰 변화는 자기주도학습이 입시의 핵으로 떠올랐다는 것이다. 자기주도학습 전형과 입학사정관제가 날로 확대, 시행되고 있다. 미래형 인재의 필수 조건인 자기주도학습 능력을 평가하기 위해서다. "최후에 웃는 자가 진정한 승자"라는 말이 있다. 당장 눈 앞의 성적만을 쫓아가다가 정작 길러야 할 아이의 자기주도학습 능력을 키우지 않으면 학년이 올라가면서 홀로 일어설 수 없게 된다. 결국 자기주도학습이 사교육을 이긴다.

(5)

학생들이 등교하면서 '공부 열심히 해서 훌륭한 사람이 되어야지', '오늘은 어떤 공부를 할까' 하고 기대하며 오는 학생은 없을 것이다. 아마도 학생들은 호주머니 속에 들어 있는 공기알을 만지작거리면서 '누구랑 공기놀이를 할까', 축구공을 발로 툭툭 차며 교문을 들어서며 '점심시간에 누구랑 팀먹고 축구를 할까?', 오늘은 수요일인데 '어떤 맛있는 반찬이 나올까?', '오늘 체육시간에는 무엇을 할까?' 등등 공부와는 관련 없는 계획과 기대로 가득차며 등교할 것이다.

실전 연습 수정본

(4)

입시는 정보 전쟁이다. 대한민국 입시는 최근 들어 매우 복잡해졌다. 이 중 가장 큰 변화는 자기주도학습이 입시의 중심으로 떠올랐다는 것이다. 자기주도학습 전형과 입학사정관제가 확대, 시행되고 있는 것은 이러한 세태가 반영된 것이다. "최후에 웃는 자가 진정한 승자"라는 말이 있다. 당장 눈앞의 성적만을 좇아가다가 정작 길러야 할 아이의 자기주도학습 능력을 키우지 않으면 학년이 올라가면서 홀로 일어설 수 없게 된다. 결국 자기주도학습이 사교육을 이긴다.

(5)

'공부를 열심히 해서 훌륭한 사람이 되어야지', '오늘은 어떤 공부를 할까'라는 생각을 하면서 등교하는 학생은 아마 없을 것이다. 아마도 학생들은 대부분 '오늘은 누구와 공기놀이를 할까?', '점심시간에 누구와 같은 팀을 먹고 축구를 할까?', '오늘은 수요일인데 어떤 맛있는 반찬이 나올까?', '오늘 체육 시간에는 무엇을 할까?' 등과 같이 공부와는 관련 없는 생각을 하면서 등교할 것이다.

실전 연습 원본

(6)

공부할 준비가 된 학생들은 어떨까요? 교과서를 보면서 선생님이 말씀하셨던 중요한 포인트를 필기하면서 기억하고, 또 유인물을 통해 다시 한 번 공부하고, 그래도 모르는 부분이 있으면, 참고서의 내용을 살펴보면 공부가 재미있어지고, 선생님의 수업을 기본으로 공부했으니, 성적은 쉽게 향상이 된다는 것입니다. 이러한 공부가 습관화된 학생은 지금보다 아마 고등학교 시절 내신성적이 다른 학생들에 비해 높을 가능성이 많은 학생들입니다. 학교 수업에 집중했으며, 자신만의 공부를 해 보았던 경험이 있는 학생들은 학원을 다니지 못할 수도 있는 고등학교 때 더욱더 큰 힘을 발휘할 가능성이 높다는 것입니다.

실전 연습 수정본

(6)

공부할 준비가 된 학생들은 교과서를 보면서 선생님이 말씀하셨던 중요한 포인트를 필기하면서 기억하고, 유인물을 통해 다시 한 번 공부하며, 그래도 모르는 부분이 있으면, 참고서의 내용을 살펴봅니다. 이런 방법을 이용하면 공부가 재미있게 느껴지고, 선생님의 수업을 바탕으로 공부를 했기 때문에 성적이 쉽게 향상됩니다. 이러한 방식의 공부를 습관화하면 고등학교 시절의 내신 성적이 다른 학생들에 비해 높을 것입니다. 다시 말해서 학교 수업에 집중한 경험이 있고, 자신만의 공부를 해 본 경험이 있는 학생들은 굳이 학원에 다니지 않더라도 고등학교 때 더욱더 큰 힘을 발휘할 가능성이 높다는 것입니다.

실전 연습 원본

(7)

아침형 학생과 저녁형 학생이 있게 마련이지만, 자신은 어느 형인지 생각해 보아야 합니다. 일찍 일어나 새벽에 공부가 잘되면 아침형, 밤에 공부가 잘된다면 저녁형이겠지요. 저녁형이나 아침형이나 잠은 적당하게 자야 합니다.

보통 잠은 하루 8시간 정도 자는 것이 가장 좋다고 합니다. 개인에 따라 필요한 잠의 양은 각각 다릅니다. 그런데 대부분의 사람들은 하루 24시간 가운데 7~9시간 정도의 잠이 필요합니다. 불충분한 잠은 몸의 건강을 나쁘게 할 뿐만 아니라 근육이 약해져서 기억을 잘 할 수 없게 됩니다.

밤에 잠을 잘 자면 기억한 내용들을 다시 떠올리는 데 도움을 줍니다. 잠을 충분히 자지 않으면 학습 내용을 이해하는 데 가장 큰 걸림돌이 됩니다. 높은 기억력은 밤에 편안하게 잠을 통해서만 성취되어집니다. 그런데 낮잠은 이런 결과를 가져오지 않습니다.

편안하고 깊은 잠을 위해 카페인이 들어 있는 음식들을 피하는 것이 좋습니다. 우리 몸은 카페인에 민감합니다. 만일 카페인에 예민하게 반응하는 사람이 많은 양의 카페인을 복용한다면 깊은 잠을 자기 힘들 것입니다.

(7)

학생 중에는 아침형과 저녁형이 있습니다. 가장 먼저 자신은 어떤 형인지부터 생각해 보아야 합니다. 새벽 공부가 잘된다면 아침형, 밤 공부가 잘된다면 저녁형이겠지요. 자신이 아침형이든 저녁형이든 잠은 적당하게 자야 합니다.

보통 잠은 하루 8시간 정도 자는 것이 가장 좋다고 합니다. 개인마다 필요한 잠의 양은 다릅니다. 그런데 사람들은 대부분 하루 24시간 가운데 7~9시간 정도의 잠이 필요합니다. 잠을 충분히 자지 못하면 건강이 나빠질 뿐만 아니라 근육이 약해져서 기억력과 이해력이 떨어집니다.

높은 기억력은 편안하고 깊은 잠을 통해서만 성취할 수 있습니다. 편안하고 깊은 잠을 자기 위해서는 가능한 한 카페인이 들어 있는 음식들을 삼가는 것이 좋습니다. 우리 몸은 카페인에 민감합니다. 만일 카페인에 민감한 사람이 많은 양의 카페인을 복용하면 깊은 잠을 자기 힘들 것입니다.

실전 연습 원본

(8)

어떤 수업도 재미없는 수업은 학습자들을 수동적으로 만들기 쉽기 때문이다. 기업체 또는 많은 학교들로부터 교육 담당자에게 강의 의뢰를 받게되면 항상 뒤이어 부탁 받는 소리가 '재미있게 해 주시면 된다.'라는 소리이다. 물론 구체적으로 강의 주제와 원하는 바를 상세하게 의뢰해 오는 교육 담당자가 있는 반면, 간혹 어떤분들은 강의 주제와 내용과는 무관하게 그냥 재미있게 강의해 주시면 된다라고 요청한다. 그럴 때마다 한편으로 드는 생각이 '재미있을 바에야 차라리 개그맨이나 다른 오락 프로그램으로 대체하지' 하는 생각이 들기도 하지만, 그동안의 강의가 오죽 재미없었으면 그랬을까 하는 생각이 들기도 한다.

(8)

재미없는 수업은 학습자들을 수동적으로 만들기 쉽다. 기업체 또는 많은 학교로부터 강의 의뢰를 받을 때 교육 담당자들은 대부분 강의를 통해 원하는 바를 상세하게 전달하지만, 간혹 강의 주제와는 무관하게 "그냥 재미있게 강의해 주시면 됩니다."라고 요청하기도 한다. 그럴 때마다 '재미를 원한다면 차라리 개그맨을 초청하거나 다른 오락 프로그램으로 대체하는 것이 낫지 않을까?'라는 생각을 하기도 하지만 한편으로는 '그동안의 강의가 얼마나 재미없었으면 이런 말을 할까?'라는 생각을 하기도 한다.

실전 연습 원본

(9)
학습 상담자로써 나는 실패가 없는 공부 방법을 찾아서 그동안 심리적 접근 방법을 통하여 각자에게 도움을 주었지만, 다수의 아이들에게 보편적으로 적용 가능한 방법이 필요했다. 학습 상담자는 아이들을 학습 내성에 강한 아이로 만들어서 다시 전투에 내놓아야 한다. 학습 문제를 파악하여 수정하고 훈련하여 공부를 잘하게 만드는 것이 학습상담자의 역할이다. 부모들도 아이들도 학습 상담자를 만날 때는 지금의 문제를 정확히 진단하고 즉시 해결하여 공부를 잘하게 만드는 것이 목적이다. 세상의 불공평이나 불합리한 점 때문에 내가 뒤떨어졌고 그래서 위로를 받겠다고 오는 것이 아니다. 상담자는 현실을 인정하고, 세상의 평가 방법을 인정하고, 내원자도 동의하는 절차를 거쳐서 그 안에서 실천 가능한 해결책을 제시하여, 공부에 전투적인 학생으로 만들어야 부모와 학생이 만족한다. 그러나 이 방법은 한 사람을 위하여 상담자 한 사람이 매달려야만 변화를 기대할 수 있는 개별적 처치이기에 시간과 비용이 많이 소모된다.

(9)

나는 학습상담자로서 그동안 여러 가지 심리적 접근 방법을 통해 많은 학생에게 도움을 주었지만, 항상 모든 학생에게 보편적으로 적용할 수 있는 방법을 찾기 위해 노력해왔다. 학습 상담자는 아이들의 학습 내성을 강하게 만들어 전투에 내놓아야 한다. 학생의 학습 문제를 파악한 후에 이를 수정하여 공부를 잘하게 하는 것이 학습 상담자의 역할이다. 부모 또는 아이가 학습 상담자를 만나는 목적은 현재의 학습 문제를 정확히 진단하고, 이를 해결하여 공부를 잘하는 데에 있다. 상담자는 학생으로 하여금 현실을 인정하도록 하고, 실천 가능한 대안을 제시함으로써 학생의 성적을 향상시킬 책임이 있다. 그러나 이 방법은 한 사람을 위하여 상담자 한 사람이 매달려야만 변화를 기대할 수 있기 때문에 많은 시간과 비용이 필요하다.

실전 연습 원본

(10)
요즘의 아이들과 예전의 부모님들의 공부하는 모습의 가장 큰 차이점은 펜을 들고 무언가를 적으면서 공부를 한다는 것입니다. 예전의 부모님들은 신학기가 되면, 과목별로 노트를 구매해서 한 학기 정도면 그 노트를 거의 사용할 정도로 열심히 필기했지만, 요즘의 학생들은 노트를 본래의 목적에 맞게 사용하기보다는 그냥 연습장과 메모장 정도로 사용하고 있는 것이 현실입니다.

뿐만 아니라 평상시에 쓰는 연습을 하지 않아서 글씨도 엉망입니다. 예전에는 글씨가 그 사람의 마음이라고 할 만큼 글씨를 잘 쓰려고 했고, 실제로도 잘 쓰는 사람이 많았는데, 요즘의 학생들은 글씨 모양도 엉망이고, 자신이 쓰고도 무슨 글씨인지를 읽지 못하는 아이들도 많습니다.

체격은 크고 팔 주변의 근육이 많은 아이들도 A4 용지 한 장 분량의 글씨를 쓰라고 하면, 손이 아프다면서 힘들다고 합니다. 그만큼 지금 현재의 학생들에게는 글씨를 쓰면서 공부한다는 것이 익숙하지 않습니다.

(10)

요즘의 아이들과 예전의 부모님들이 학생 시절에 공부하는 모습의 가장 큰 차이는 펜을 들고 무언가를 적으면서 공부를 한다는 점입니다. 부모님들은 신학기 때, 과목별 노트를 준비해서 한 학기가 끝날 무렵에는 그 노트를 거의 사용할 정도로 열심히 필기했지만, 요즘 학생들은 노트를 본래의 목적에 맞게 사용하기보다는 그냥 연습장과 메모장 정도로 사용하고 있는 것이 현실입니다.

그뿐만 아니라 평상시에 쓰는 연습을 하지 않아서 글씨도 엉망입니다. 예전에는 글씨가 그 사람의 마음이라고 생각하면서 글씨를 잘 쓰기 위해 노력했고, 실제로 글씨를 잘 쓰는 사람도 많았는데, 요즘 학생들은 글씨 모양도 엉망이고, 자신이 쓰고도 무슨 글씨인지 알지 못하는 아이들도 많습니다.

체격이 크고 팔 주변의 근육이 많은 아이들도 A4 용지 한 장 분량의 글씨를 쓰라고 하면, 손이 아프다면서 힘들다고 합니다. 그만큼 요즘 학생들에게는 글씨를 쓰면서 공부한다는 것이 익숙하지 않습니다.

실전 연습 원본

(11)

사교육을 시키지 않을 수가 없는 가장 큰 이유는 무엇보다 심리적인 불안과 두려움에 있다. 일단 엄마는 너무나 빈번한 교과 과정과 입시의 변화에 대응할 자신이 없다. 상황을 파악하고자 찾아간 학원 입시 설명회나 레벨 테스트에서는 문제점들만 잔뜩 짊어져서 오고, 저 멀리 앞서 간 옆집 엄마들의 자랑에 다리가 풀린다. 남들이 좋다고 몰려가는 학원에 보내지 않으면 다른 아이들에게 뒤처질 것 같고, 경제적 부담에 사교육 정보들을 피하면 죄책감이 몰려온다. 이렇듯 급변하는 교육 환경과 엄마의 정서적 취약함 속에서 사교육 업체들은 늘 강자의 위치에 선다. 적당한 전문성과 과장, 공포심 유발에 무릎을 꿇지 않을 엄마는 거의 없기 때문이다. 아이의 성적이 오르면 사교육의 공로요, 오르지 않으면 부모의 소극적 투자와 무관심이 가져온 결과라고 말할 수 있으니 이 얼마나 손쉬운 마케팅인가?

(11)

사교육을 시킬 수밖에 없는 가장 큰 이유는 심리적으로 불안하고 두렵기 때문이다. 일단 엄마는 자주 변하는 교과 과정과 입시 제도에 일일이 대처할 자신이 없다. 입시 상황을 파악하기 위해 학원 입시 설명회에 참석하기도 하고, 아이의 수준을 알아보기 위해 레벨 테스트를 해 보기도 하지만 해결책은커녕 문제점만 잔뜩 안고 돌아오고, 공부를 잘하는 아이를 둔 옆집 엄마의 자랑을 들으면 맥이 풀린다. 남들이 좋다고 몰려가는 학원에 보내지 않으면 다른 아이들에게 뒤처질 것 같고, 경제적인 부담 때문에 사교육을 시키지 못하게 되면 죄책감이 든다. 이렇듯 급변하는 교육 환경과 엄마의 정서적 취약함 속에서 사교육 업체들은 늘 강자의 위치에 서 왔다. 사교육 기관의 과장과 공포심 유발에 무릎을 꿇지 않을 엄마는 거의 없기 때문이다. 아이의 성적이 오르면 사교육의 공로이고, 오르지 않으면 부모의 소극적 투자와 무관심이 가져온 결과라고 말할 수 있으니 이 얼마나 손쉬운 마케팅인가?

> 실전 연습 원본

(12)

대다수 학생들은 교과서를 공부할 때 단원 목표를 별로 염두에 두지 않습니다. 그냥 의례적으로 써 놓은 정도로만 여깁니다. 간혹 본다고 해도 단원 목표와 공부 내용을 연결시켜서 생각하지도 않습니다. 수업이 끝나거나 공부를 한 뒤에 단원 목표를 내가 충분히 달성했는지 여부도 고민하지 않습니다.

단원 목표는 단원의 핵심이며, 수업의 목표입니다. 선생님들이 수업을 통해 가르치려는 내용이며, 학생들이 배움을 통해 달성해야 할 과제입니다. 본래 시험을 보는 목적도 점수로 줄 세우기가 아니라 배워야 할 내용을 충분히 배웠는지 확인하기 위함입니다. 즉, 시험의 목적은 단원 목표를 달성했는지 여부를 확인하는 것입니다. 가르침과 배움의 중심에 단원 목표가 있습니다.

객관식 시험에서도 당연히 단원 목표는 중요합니다. 단원 목표에 해당하는 내용은 반드시 시험에 나옵니다. 그렇지만 객관식 시험은 문항이 너무 많기 때문에 아주 중요한 내용뿐 아니라 별로 중요하지 않은 내용도 나옵니다. 그래서 넓게 공부해야 합니다. 하나라도 놓치지 않기 위해서 공부 시간을 많이 투자해야 합니다. 양을 늘려야 합니다. 앞서도 말했듯이 서술형 시험은 문항 수가 적기 때문에 단원 목표에 집중할 수밖에 없습니다.

(12)

많은 학생은 교과서를 공부할 때 단원 목표를 별로 염두에 두지 않습니다. 그냥 의례 써 놓은 문구로만 여깁니다. 간혹 읽어 본다고 하더라도 단원 목표와 공부 내용이 연결되어 있다는 생각을 하지 않습니다. 수업이 끝나거나 공부를 한 뒤에 단원 목표를 충분히 달성했는지의 여부도 고민하지 않습니다.

단원 목표는 단원의 핵심이자 수업의 목표입니다. 선생님들이 수업을 통해 가르치려는 내용이며, 학생들이 배움을 통해 달성해야 할 과제입니다. 시험을 보는 목적은 점수를 기준으로 삼아 줄을 세우려는 데에 있는 것이 아니라 배워야 할 내용을 충분히 배웠는지 확인하는 데 있습니다. 즉, 시험의 목적은 단원 목표를 달성했는지의 여부를 확인하는 데에 있습니다. 가르침과 배움의 중심에는 단원 목표가 있습니다. 단원 목표는 객관식 시험에 있어서도 중요합니다. 단원 목표에 해당하는 내용은 반드시 시험에 나옵니다. 그렇지만 객관식 시험은 주관식 시험에 비해 문항이 많기 때문에 중요한 내용뿐만 아니라 별로 중요하지 않은 내용도 나옵니다. 따라서 넓게 공부해야 합니다. 하나라도 놓치지 않기 위해서는 공부하는 데에 많은 시간을 투자해야 합니다. 앞에서도 말했듯이 서술형 시험은 문항 수가 적기 때문에 반드시 단원 목표에 집중해야 합니다.

실전 연습 원본

(13)

이런 정보의 홍수시대에 우리에게 필요한 것은 얼마나 많은 정보를 축적하느냐가 아니라 무엇이 우리에게 필요한 정보이고 가치 있고 유용한 것인지를 판단하는 능력이 필요하다. 데이터 스모그처럼 뿌옇고 희미하게 보이는 정보의 홍수 속에서 꼭 필요한 정보를 선별하고 구분해서 나의 것으로 만드는 지혜가 필요한 것이다.

특히 SNS상의 정보는 인터넷의 다른 정보에 비해 전파속도도 빠르고 다듬지 않은 상태에서 짧게 전달되는 경우가 많으므로 실시간으로 정보에 대해 합리적으로 평가하고 필터링하여 관리할 수 있는 능력이 필요하다. SNS의 정보에 대한 필터링이 제대로 이루어 지지 않으면 부정확한 정보, 왜곡된 정보가 확산되어 사회불안을 야기할 수 있다는 사실을 기억해야 한다.

또한 SNS에서는 정보에 대한 신뢰보다는 관계에 대한 신뢰로 인해 정보를 검증하지 않고 맹목적으로 전파하는 경우도 생길 수 있으므로 유의할 필요가 있다. SNS상의 정보를 합리적 검토와 비판 없이 맹목적으로 수용하면 디지털 포퓰리즘으로 변질될 수도 있으므로 정보를 신뢰성의 차원에서 비판적으로 분석하고 검증하는 자세가 필요하다.

(13)

이러한 정보의 홍수 시대에 우리에게 필요한 것은 얼마나 많은 정보를 축적하느냐가 아니라 무엇이 우리에게 가치 있고 유용한 정보인지를 판단하는 능력이다. 스모그처럼 뿌옇고 희미하게 보이는 정보의 홍수 속에서 우리에게 필요한 정보를 선별하여 자신의 것으로 만드는 지혜가 필요한 것이다.

특히 SNS상의 정보는 인터넷의 다른 정보에 비해 전파 속도도 빠르고 다듬어지지 않은 상태에서 전달되는 경우가 많으므로 정보를 실시간으로 평가하고 필터링하여 관리할 수 있는 능력이 필요하다. SNS상의 정보에 대한 필터링이 제대로 이루어지지 않으면 부정확한 정보, 왜곡된 정보가 확산되어 사회 불안을 야기할 수 있다는 사실을 기억해야 한다.

또한 SNS상에서는 관계에 대한 신뢰로 인해 정보를 검증하지 않고 맹목적으로 전파하는 경우도 생길 수 있으므로 유의해야 할 필요가 있다. SNS상의 정보를 합리적 검토와 비판 없이 맹목적으로 수용하면 디지털 포퓰리즘으로 변질될 수도 있으므로 정보를 비판적으로 분석하고 검증하는 자세가 필요하다.

실전 연습 원본

(14)
나치의 인종 문제에 대해 많은 교회 비판가들이 취한 태도에 비하면 교회가 우유부단하게 행동했다는 점을 떠올릴 필요가 있다. 파첼리의 전임이던 교황 비오 11세는 히틀러를 너무 끔찍하게 여긴 나머지 히틀러가 악마에 씌었다고 결론내리고는 멀리서나마 악령을 쫓아내려는 시도를 진지하게 했다. 하지만 그냥 드러내놓고 비난하는 편이 더 낫지 않았을까? 교황 비오 12세의 경우도 마찬가지이다. 그가 반나치 유대인 단체를 지원했다는 사실은 기록에 잘 남아있지만, 그냥 나치를 비난하는 편이 훨씬 더 의미가 있었을 것이다. 여러 저명한 역사학자들도 독일 천주교회가 유대인 박해에 저항했다면 체계적인 유대인 학살 계획인 최종 해결책이 실행되지 못했을 것이라고 주장한다.

(14)

나치의 인종 문제에 대해 많은 교회 비판가들이 취한 태도를 비교해 보면 교회가 우유부단하게 행동했다는 점이 쉽게 드러난다. 파첼리의 전임이던 교황 비오 11세는 히틀러를 너무 끔찍하게 여긴 나머지 히틀러가 악마에 씌었다는 결론을 내리고 멀리서나마 악령을 쫓아내려는 시도를 했다. 하지만 지금에 와서 생각해 보면 '그냥 드러내놓고 비난하는 편이 더 낫지 않았을까?'라는 생각을 하게 된다. 교황 비오 12세의 경우도 이와 마찬가지이다. 그가 반나치 유대인 단체를 지원했다는 사실은 기록에 잘 남아 있지만, 나치를 직접 비난하는 편이 훨씬 더 의미가 있었을 것이다. 여러 저명한 역사학자들도 독일 천주교회가 유대인 박해에 저항했다면 체계적인 유대인 학살 계획은 결코 실행에 옮기지 못했을 것이라고 주장한다.

(15)

19세기 중엽에는 백인들에 의해 만들어진 민스트럴쇼, 보드빌, 벌레스크를 비롯한 각종 공연 형태들이 있었지만 미국 자체 뮤지컬 창작품은 없었다. 그러나 1866년에 발레와 우스꽝스러운 멜로드라마를 접목한 최초의 창작 뮤지컬 《The black crook》이 탄생하게 되었다. 이 작품은 댄스가 가미된 뮤지컬 코미디로 미국의 낙천주의와 도덕성·휴머니즘·유머와 위트가 넘치는 내용에 화려한 의상과 무용수들의 율동적인 춤이 가미된 것으로 '엑스트라버겐져'라는 이름으로 공연되었는데 당시 남북전쟁으로 지쳐 있던 관객들을 열광시켰으며 처음으로 장기간의 공연을 성공시켰다. 이후 미국은 미국의 역사, 사회적인 배경, 국민성, 기호 등을 반영한 대형화된 뮤지컬들을 제작하며 뮤지컬을 발전시켜 뮤지컬의 본거지인 브로드웨이를 탄생시켰다. 미국 뮤지컬은 콜 포터, 레너드 번스타인, 어빙 벌린, 조지 거쉰 등의 작품들로 세계뮤지컬을 주도하였다. 이런 미국의 뮤지컬들은 전후 런던 무대를 점령하여 미국 뮤지컬의 위력을 세계에 심는 역할을 담당하였다.

(15)

19세기 중엽에는 백인들에 의해 만들어진 민스트럴쇼, 보드빌, 벌레스크를 비롯한 각종 공연 형태들이 있었지만, 미국이 자체 제작한 뮤지컬은 없었다. 그러나 1866년에 발레와 우스꽝스러운 멜로드라마를 접목한 최초의 창작 뮤지컬인 《The black crook》이 탄생하였다.

이 작품은 뮤지컬 코미디로, 미국의 낙천주의와 도덕성, 휴머니즘, 유머와 위트가 넘치는 내용에 화려한 의상과 무용수들의 율동적인 춤이 가미되었다. '엑스트라버겐저'라는 이름으로 공연된 이 작품은 당시 남북전쟁으로 지쳐 있던 관객들을 열광시켰으며, 처음으로 장기간의 공연을 성공시켰다.

이후 미국은 미국의 역사, 사회적인 배경, 국민성, 기호 등을 반영한 대형화된 뮤지컬들을 제작하면서 뮤지컬을 발전시켜 뮤지컬의 본고장인 브로드웨이를 탄생시켰다. 미국 뮤지컬은 콜 포터, 레너드 번스타인, 어빙 벌린, 조지 거쉰 등의 작품을 통해 세계 뮤지컬을 주도하였다. 미국의 뮤지컬들은 전후 런던 무대를 점령함으로써 미국 뮤지컬의 위력을 세계에 떨치는 역할을 담당하였다.

> 실전 연습 원본

(16)

학생 선발은 모집 시기와 대학에 따라 차이가 납니다. 2014학년도 대학입시에서 어떤 전형 요소를 어떻게 반영할 것인지는 지금으로서는 정확히 알 수 없지만, 현행 대학 입시로 미루어 볼 때 수시 모집은 학생부, 논·구술 등의 대학별고사, 포토폴리오 등과 같은 각종 서류 위주로 선발하면서 수능시험 성적을 최저 학력 기준으로 활용하고, 정시 모집은 수능시험과 학생부 성적을 반영하여 선발할 것으로 보입니다. 이 전형 요소들은 대학에 따라 반영 유무는 물론 반영 비율에 있어서도 차이가 있을 것입니다. 좀 더 구체적인 사항은 고등학교 2학년 때에 발표되겠지만, 고등학교 1학년 때부터 이를 염두에 두고 대비할 필요가 있다고 봅니다.

특히 2014학년도 수능시험은 학교에서 배우는 교과를 중심으로 출제할 방침이기 때문에 1학년 때부터 학교 공부에 충실히 임해야만 합니다. 또 수시 지원을 고려하여 논술 및 면접고사에도 대비해야 하고 학생부 비교과, 포트폴리오, 자기소개서, 추천서 등에도 관심을 가지고 준비할 필요가 있습니다. 이와 관련하여 한 가지 강조하고 싶은 것은 학생부 비교과나 포트폴리오, 자기소개서, 추천서 등은 장래 희망 및 지원 학과와 일관성을 유지해야만 좀 더 좋은 결과를 얻을 수 있다는 것입니다.

(16)

학생 선발은 모집 시기와 대학에 따라 차이가 납니다. 2014학년도 대학 입시에서 어떤 전형 요소를 어떻게 반영할 것인지는 지금으로서는 정확히 알 수 없지만, 현행 대학 입시로 미루어 볼 때 수시 모집은 학생부, 논·구술 등의 대학별 고사, 포토폴리오 등과 같은 각종 서류 위주로 선발하면서 수능 시험 성적을 최저 학력 기준으로 활용하고, 정시 모집은 수능 시험과 학생부 성적을 반영하여 선발할 것으로 보입니다. 이 전형 요소들은 대학별 반영 유무는 물론, 반영 비율에 있어서도 차이가 있을 것입니다. 좀 더 구체적인 사항은 고등학교 2학년 때에 발표되겠지만, 고등학교 1학년 때부터 이를 염두에 두고 대비할 필요가 있다고 생각합니다. 특히 2014학년도 수능 시험은 학교에서 배우는 교과를 중심으로 출제할 방침이기 때문에 고등학교 1학년 때부터 학교 공부에 충실히 임해야만 합니다. 또한 수시 지원을 고려하여 논술 및 면접 고사에도 대비해야 하고, 학생부 비교과, 포트폴리오, 자기소개서, 추천서 등에도 관심을 가지고 준비할 필요가 있습니다. 이와 관련하여 한 가지 강조하고 싶은 점은 학생부 비교과나 포트폴리오, 자기소개서, 추천서 등은 장래 희망 및 지원 학과와 일관성을 유지해야만 좀 더 좋은 결과를 얻을 수 있다는 것입니다.

(17)

입주자대표회의와 관리단은 같은 것일까 다른 것일까? 실제 기능은 거의 같다고 할 수 있으나 완전히 일치하고 있지는 않다. 입주자대표회의는 공동주택을 대상을 하여 동별 대표자들의 연합체 형식으로 구성된 조직이고, 관리단은 주택이든 상가이든 가리지 않고 구분소유자들 전원으로 구성된 조직이다. 전자는 실제로 조직되어야 하지만, 관리단은 실제로 조직되지 않아도 법에 의해 존재하는 걸로 간주된다.

법원은 입주자대표회의와 관리단이 같다는 판결을 하기도 하고 다르다는 판결을 하기도 하였으나 입주자대표회의를 관리단과 같은 조직이라고 보기는 어렵다. 다만 입주자대표회의가 관리단과 같은 기능을 한다는 점에서 구분소유자들의 동의를 얻은 일정한 행위는 관리단의 행위로 볼 수 있다.

(17)

입주자대표회의와 관리단은 같은 것일까, 다른 것일까? 실제 기능은 거의 같다고 할 수 있지만 완전히 일치하고 있지는 않다. 입주자대표회의는 공동주택을 대상으로 하여 동별 대표자들이 연합체 형식으로 구성한 조직이고, 관리단은 주택이든, 상가이든 가리지 않고 구분소유자들 전체가 구성한 조직이다. 전자는 실제로 조직되어야 하지만, 후자는 실제로 조직되지 않더라도 법에 의해 존재하는 것으로 간주한다.

법원은 입주자대표회의와 관리단이 같다는 판결을 하기도 하고, 다르다는 판결을 하기도 하였지만 입주자대표회의를 관리단과 같은 조직이라고 보기는 어렵다. 다만 입주자대표회의가 관리단과 같은 기능을 한다는 점에서 구분소유자들의 동의를 얻은 일정한 행위는 관리단의 행위로 볼 수 있다.

(18)

학생들이 공부할 때 가장 문제가 되는 것은 정신을 집중하는 것입니다. 공부하는 학생들은 자신이 정신을 집중해서 공부하는지, 정신을 집중하지 않고 공부하는지 잘 모릅니다. 그러나 선생님이나 부모님이 말씀하시는 것을 들어 보면, 학생들의 대부분이 공부할 때 정신 집중을 잘 못한다고 합니다.

학생들이 정신을 집중하지 못한다는 말의 뜻은 무엇일까요? 그것은 쉬운 문제나 알고 있는 문제들을 잘 풀지 못하거나 틀리게 풀 때 하는 말입니다. 공부를 하거나 문제를 풀 때 다른 생각을 하면 정신을 집중할 수 없습니다. 또한 공부하기 싫은데 부모님이 억지로 시켜서 할 경우에도 정신 집중이 잘 되지 않습니다.

공부할 때 정신 집중을 하기 위해서는 무엇보다 마음 자세가 중요합니다. 하기 싫은 공부나 숙제를 꼭 해야만 할 때, 여러분은 어떤 생각으로 책상 앞에 앉아 있나요? 어떤 학생은 하기 싫어 죽겠다고 생각하면서 공부를 합니다. 또 어떤 학생은 하기 싫어도 꼭 해야만 하는 것이기 때문에 기쁜 마음으로 열심히 공부할 것입니다.

(18)

학생들이 공부할 때 가장 큰 문제점은 정신을 집중하지 못하는 데에 있습니다. 공부를 하는 학생들은 자신이 정신을 집중해서 공부를 하는지, 정신을 집중하지 않고 공부를 하는지 잘 모릅니다. 그러나 선생님이나 부모님의 말을 들어 보면, 학생 대부분이 공부할 때 정신을 집중하지 않는다고 합니다.

학생들이 정신을 집중하지 못한다는 것은 어떤 경우에 사용하는 말일까요? 이는 쉬운 문제나 알고 있는 문제들을 잘 풀지 못하거나 틀리게 풀 때 사용하는 말입니다. 공부를 하거나 문제를 풀 때 다른 생각을 하면 정신을 집중할 수 없습니다. 또한 공부하기 싫은데 부모님이 억지로 시켜서 할 경우에도 정신을 집중할 수 없습니다.

공부할 때 정신 집중을 하기 위해서는 무엇보다 마음 자세가 중요합니다. 하기 싫은 공부나 숙제를 꼭 해야만 할 때, 여러분은 어떤 생각을 하면서 책상 앞에 앉아 있나요? 어떤 학생은 '하기 싫다'라는 생각을 하면서 공부를 하는 반면, 어떤 학생은 '하기 싫어도 꼭 해야만 하는 것이기 때문에 이왕이면 기쁜 마음으로 공부를 하자'라는 생각을 하면서 공부를 합니다.

실전 연습 원본

(19)

우리는 원인을 알기 전에 결코 그 문제를 해결할 수 없다. 병을 치유하기 전에 병의 원인을 알아야 할 것이며 기업의 경우엔 성과가 떨어졌을 때 성과 하락의 원인을 알아야 상승 대책을 세울 수 있을 것이다. 많은 기업 교육을 하다 보면 교육을 시작하기 전에 교육과 관련된 많은 분들을 만나 사전 면담을 통하여 교육에 대한 욕구를 파악하게 되는 경우가 있다. 정확한 진단과 원인을 파악하여 구체적으로 교육적으로 요구하는 사항을 말씀하시는 분들을 만나기도 하지만 더러는 교육으로 총체적 해결을 요구하시는 분들도 만나기도 한다

"우리 회사는 총체적으로 문제가 있어요." 매출은 떨어지고 경쟁사들은 저만치 앞서 나가는데 직원들은 아무리 강조해도 위기의식도 없고 제발 오셔서 이런 문제를 치료할 수 있는 시원한 강의를 해 주셨으면 좋겠어요." 이럴 때마다 혼자 드는 생각이 있다. 사장님만 바뀌시면 다 바뀔 것 같은데요. 대부분의 교육담당자가 나에게 가끔 던지는 고충이다. 우리 회사는 뭐 잘 안되면 교육으로 해결하래요…. 교육시켜 상사가 제일 쉽게 또 제일 자주 듣게 되는 해결책의 지시이기도 하다. 교육이면 뭐든 다 해결될 것 같은 자칫 교육지상주의에 빠져있는 것 같다고 고충을 털어놓곤 한다. 나 역시 과거 이런 이야기를 많이 들어오던 차로 공감하기도 한다.

(19)

원인을 알기 전에는 결코 그 문제를 해결할 수 없다. 병을 치유하기 전에는 그 원인을 알아야 하며, 기업의 경우에는 성과가 떨어졌을 때 하락의 원인을 알아야 만회 대책을 세울 수 있을 것이다. 기업 교육을 할 때는 일반적으로 교육을 하기 전에 교육에 관련된 사람들을 만나 교육에 대한 욕구를 파악한다. 이때 문제점이 나타난 원인을 제시하면서 이에 대한 해결책을 요구하는 사람을 만나기도 하지만, "우리 회사는 총체적으로 문제가 있어요. 매출은 떨어지고 경쟁사들은 저만치 앞서 나가는데 우리 직원들은 위기의식도 없고……. 이러한 문제를 해결할 수 있는 강의를 해 주셨으면 좋겠어요."라는 식의 요구를 하는 사람을 만나기도 한다.

교육 담당자들은 필자에게 "우리 회사는 사장님만 바뀌면 다 바뀔 것아요. 조금이라도 실적이 좋지 않으면 교육을 하라고 하니까요."라는 말을 자주 한다. 교육을 하면 무엇이든 해결할 수 있을 것 같은 교육지상주의에 빠져 있는 것이다.

실전 연습 원본

(20)

시험을 치를 때는 자신감을 가져야 합니다. 시험 시간을 잘 배정하고, 배점이 높은 문제와 낮은 문제들은 어떤 것들인지를 살펴보는 것도 잊지 말아야 합니다. 시험 문제의 질문 내용이나 지시 사항을 주의 깊게 읽어봅니다. 객관식 시험 문제의 정답이 애매할 경우, 처음에 답한 것을 다른 답으로 고치는 것을 피해야 합니다. 확률로 볼 때 처음에 답한 것이 정답일 확률이 높기 때문입니다.

(20)

시험을 치를 때는 자신감을 가져야 합니다. 시험 시간을 잘 배정하고, 배점이 높은 문제와 낮은 문제들은 어떤 것들인지를 살펴보는 것도 잊지 말아야 합니다. 그런 다음, 시험 문제의 질문 내용이나 지시 사항을 주의 깊게 읽어보아야 합니다. 객관식 시험 문제의 정답이 애매할 경우, 처음에 답한 것을 다른 답으로 고치는 것을 피해야 합니다. 확률로 볼 때 처음에 답한 것이 정답일 확률이 높기 때문입니다.

> 실전 연습 원본

(21)

'나는 생각한다. 고로 나는 존재한다.'고 서양의 유명한 철학자 데카르트는 말했다. 데카르트의 이 말은 아주 심오한 철학적 의미를 담고 있기 때문에 어렵게 여기면 한없이 어렵다. 간단히 정리하면 '인간이 생각할 줄 모르면 인간이 아니다'라는 뜻이다. 그러고 보면 생각이야 말로 가장 인간다운 모습이다. 그 어떤 존재와도 구별되는 지적 생명체, 진리와 지혜를 구하기 위해 애쓰는 생명체, 그게 바로 인간이다. 어쩌면 그래서 성경에 인간이 신의 형상을 닮았다고 했는지도 모른다.

데카르트가 인간의 본질을 생각에서 찾았다면 아인슈타인은 생각이 지닌 힘이 얼마나 엄청난지 보여 준다. 20세기 최고의 과학이며, 인류 역사상 가장 위대한 진리로 꼽히는 상대성 이론은 오직 아인슈타인의 머릿속에서 탄생했다. 아인슈타인은 상대성 이론을 오직 머릿속으로 생각해서 밝혀냈다. 그 어떤 실험도 하지 않았고, 그 어떤 학자의 도움도 받지 않았다. 오직 빛에 대한 궁금증을 끝없이 탐구해 나간 끝에 생각만으로 위대한 진리를 발견해낸 것이다. 인류 역사상 가장 위대한 진리가 단지 한 사람이 끊임없이 생각하고, 생각한 끝에 오직 생각만으로 발견해냈다는 사실은 생각이 얼마나 위대한 힘을 지녔는지 잘 보여준다. 아인슈타인은 생각의 힘으로 우주의 진리를 꿰뚫었다.

(21)

서양의 유명한 철학자 데카르트는 '나는 생각한다. 고로 나는 존재한다.'라고 하였다. 데카르트의 이 말은 아주 심오한 철학적 의미를 담고 있기 때문에 언뜻 보면 어렵게 느껴지지만 간단히 정리하면 '인간이 생각할 줄 모르면 인간이 아니다'라는 뜻이다. 그러고 보면 생각이야말로 가장 인간다운 모습이다. 그 어떤 존재와도 구별되는 지적 생명체, 진리와 지혜를 구하기 위해 애쓰는 생명체, 그것이 바로 인간이다. 성경에 인간이 신의 형상을 닮았다고 한 이유는 바로 이 때문인지 모른다.

데카르트가 인간의 본질을 생각에서 찾았다면 아인슈타인은 생각이 지닌 힘이 얼마나 엄청난지 보여 준다. 20세기 최고의 과학이며, 인류 역사상 가장 위대한 진리로 꼽히는 상대성 이론은 오직 아인슈타인의 머릿속에서 탄생했다. 아인슈타인은 상대성 이론을 오직 머릿속으로 생각해서 밝혀냈다. 그 어떤 실험도 하지 않았고, 그 어떤 학자의 도움도 받지 않았다. 오직 빛에 대한 궁금증을 끝없이 탐구해 나간 끝에 생각만으로 위대한 진리를 발견해낸 것이다. 인류 역사상 가장 위대한 진리가 단지 한 사람이 끊임없이 생각하고, 생각한 끝에 오직 생각만으로 발견해냈다는 사실은 생각이 얼마나 위대한 힘을 지녔는지 잘 보여준다. 아인슈타인은 생각의 힘으로 우주의 진리를 꿰뚫었다.

실전 연습 원본

(22)

대한민국 10대들은 치유가 필요합니다. 상처 입은 내면으로는 행복한 미래를 설계하지 못하기 때문입니다. 교실 붕괴 현상, 공교육 몰락 현상은 단지 '지나친 사교육'때문이 아닙니다. 근본 원인은 무기력입니다. 무언가를 스스로 하려는 의지도 목적도 잃어버렸기에 생긴 겉모습일 뿐입니다. 겉으로만 아무 문제가 없으면 괜찮겠지 하고 넘어가는 어른들의 방치 때문입니다.

어른들은, 특히 부모들은 자식이 상처를 안고 살아간다는 사실을 잘 받아들이지 않습니다. 자식이 상처를 안고 살아가는 걸 인정하면 마치 자신이 죄 지은 걸 인정했다는 투로 받아들입니다. 그러면서 상당수 부모들은 자식의 상처를 접하면 모른 척합니다. 외면합니다. 그냥 공부 열심히 하고, 착한 모범생으로 학교에 다니고, 대학을 목표로 살아가면 된다고 여깁니다. 그게 상처를 속으로 곪게 하고, 결국 자식의 인생을 불행으로 이끈다는 걸 애써 외면해 버립니다.

(22)

대한민국 10대들은 치유가 필요합니다. 상처 입은 내면으로는 행복한 미래를 설계하지 못하기 때문입니다. 교실 붕괴 현상, 공교육 몰락 현상은 단지 '지나친 사교육'때문만이 아닙니다. 근본 원인은 무기력입니다. 무엇인가를 스스로 하려는 의지도 목적도 잃어버렸기 때문에 생긴 겉모습일 뿐입니다. '겉으로만 아무 문제가 없으면 괜찮겠지' 하고 넘어가는 어른들의 방치 때문입니다.

어른들, 특히 부모들은 자식이 상처를 안고 살아간다는 사실을 잘 받아들이지 않습니다. 자식이 상처를 안고 살아가는 걸 인정하면 마치 자신이 죄 지은 것을 인정했다는 투로 받아들입니다. 그러면서 많은 부모들은 자식의 상처를 접하면 모른 척합니다. 그냥 공부 열심히 하고, 모범생으로 학교에 다니고, 대학을 목표로 살아가면 된다고 여깁니다. 그게 상처를 속으로 곪게 하고, 결국 자식의 인생을 불행으로 이끈다는 것을 애써 외면해 버립니다.

참고 문헌

고미숙 외. 유혹하는 글쓰기. 김영사, 2002.

김창완. 글짱 되려면 이렇게 쓰라. 문장미디어, 2006.

김철호. 국어 실력이 밥 먹여준다(문장편). 유토피아, 2010.

바른 국어 생활, 국립국어연구원, 2004

배상복. 글쓰기의 정석. 경향 미디어, 2012.

송숙희. 당신의 글에 투자하라, 웅진웰북, 2009.

송숙희. 책쓰기의 모든 것. 인더북스, 2011.

안정효. 안정효의 글쓰기 만보. 모멘토, 2006

이만교. 나를 바꾸는 글쓰기 공작소, 2009.

임정섭. 글쓰기 훈련소. 경향미디어, 2009

임정섭. 글쓰기를 어떻게 쓸 것인가. 경향BP, 2012.

임철순 외. 내가 지키는 글쓰기 원칙. 이화여자대학교출판부, 2013.

장하늘. 글 고치기 전략. 다산초당, 2006.

장하늘. 글쓰기 표현 사전. 다산초당, 2009.

최병선. 오류 극복의 글쓰기. 나노미디어, 2010.